アクティブ・ニヒリズムを超えて

西部邁　宮崎正弘
Nishibe Susumu　Miyazaki Masahiro

文芸社文庫

『アクティブ・ニヒリズムを超えて』　もくじ

第1章　独立の気概を失った日本

第2章　安保闘士から見た、六〇年安保の真相

第3章　日本人に染み付いた平和主義

第4章 戦略的発想を持たず、迷走する日本外交

第5章　急接近した米中時代、日本の生き筋を摸索する

第6章　核武装によって実現する、日本の自立と防衛

エピローグ　対等な日米関係の構築に向けて

【まえがきにかえて】

日本の次の半世紀を考える――宮崎正弘

平成二十二（二〇一〇）年、安保条約の改定から半世紀を迎えた。

ところが我が国では安保・国防議論は風化し、「事前協議」条項は軽々と無視され、沖縄の海兵隊も横須賀の空母も、イラクやアフガニスタンなどの戦争地域に向かった。

それればかりか日本の自衛隊は「集団安全保障」「極東条項」の議論を忘れたかのように、ＰＫＯ（国連平和維持活動）がカンボジア派遣から開始されて、いまではイラクのお隣のゴラン高原、モザンビーク、スーダン、ソマリアまで向かった。

日米安保条約は事実上、性格を変えている。日米同盟の存在意義はより軽くなりつつある。日米同盟の鉄壁は吹き飛ばされそうである。吹き飛ばそうとしているのは日本ではなく、アメリカと中国である。アメリカは中国重視にかたむき、国務長官も財務長官も揉み手して、北京を頻繁に訪問し、〈Ｇ２〉と言いだした。

日本が期待した北朝鮮へのアプローチは曖昧《あいまい》、投げやりとなり、アメリカは積極性を失い、北の核武装を容認し、中国の出方をひたすら待つ。これがオバマのアメリカ、衰退途次のアメリカの姿である［宮崎後註　トランプ政権となってこの対中スタンスは変わった］。

さて日本の自衛隊にないのは核兵器ばかりではない。侵略されても反撃できる兵器がない。長距離ミサイルどころか、空母も長距離爆撃機も原子力潜水艦も保有しない。だから自立自存と言ったところで、戦略的防衛計画を立案することは基本的に困難である。日本の謳う「専守防衛」というキレイゴトの標語が日本の政治の看板にもなり、非核三原則とか、GDP（国内総生産）一パーセント以内とか、憲法にも書かれていない制約を受け、手も足も出ない「軍隊」なのである。

かくて、自衛隊は、在日米軍を補完することだけが目的となった。独自の戦力となると、はなはだ覚束なく、イージス艦六隻体制などと言っても、自衛隊は米空母を取り巻き、それを補完する守護兵力でしかない。自衛隊は対米依存というメンタリティをいつかは捨てるべきだろうが、過去半世紀の日米同盟体制の下敷きのなかで、どっぷりと親米根性の染みついた組織にそれができるだろうか？

ところが、日本人が戦後一方的に「恋した」アメリカがとうに心変わりを示し、日本防衛への熱意がうせている。

アメリカの性格（国体と言ってもよいが）が劇的に変質し、リバイアサン（力と畏怖によるアメリカの世界統治）から普通の国家に変貌していく過程において、従来のＮＡＴＯ（北大西洋条約機構）への関与を弱め、米韓、米日、米印、米豪条約のあり方の再検討を迫られる。

アメリカは赤字予算の負担の重みにもはや耐えかね、アジアの防衛を「新同盟国」の中国にゆだねる選択を考慮の対象とするかもしれない。

そうなると日本はどうやって生き延びる道を探るのか。安保条約をアメリカから廃棄される前に自立自存の道を考える秋《とき》がついにやってきた。

こうした前提に立って保守論壇の論客・西部邁先生と対談をしたのが本書である。

無防備国家に「安保改定五十周年」がやってくる――西部　邁

平成二十一年の師走、我が国の民主党政権は、沖縄の普天間における「米軍基地の移設問題」で迷走に次ぐ迷走を続けている。首相は、おのれのマニフェスト（政策の具体的内容に及ぶ厳密な公約）とやらに従って、「県外移設」の可能性にこだわり、防衛大臣は、前政権の方針を継承して、名護市へ移転させようと構えている。アメリカは、名護市への移転が「唯一可能な解決策」だとして、日本側の迷走に伴走する気はないといくども公言している。

しかも、この外交・軍事問題が日本の内政のごく表層の問題と結びついているというのだから、事態はさらに厄介なものになる。つまり、露骨に平和「主義」をかざす社民党が、参議院でキャスティング・ヴォート（決定票）を握る立場にいるのみならず、現下の連立政権の一角に食い込んでいるのだ。つまり、現政権は政局安定の必要からして、アメリカの要請なり恫喝なりに簡単には屈しられないという事情にある。当座の政局問題とすでに超長期に及んでいる日米安保体制とが連動して動いているというところに、戦後日本の安全保障に対する取り組みが国内外の状況の当て処《ど》なき推移にいかに深く影響を受けてきたかが、端なくも露呈されたといえよう。

このように国防政策を浮遊させる根本の原因は何か。その答えはあまりにも単純明快だ。我が国の国民と政府の双方に「自主防衛」の姿勢が皆無であり、そのせいでアメリカへの「依存と屈従」の態度が日本の国家（国民とその政府）の拭い難い習性となってしまったのである。断っておくが、自主防衛は単独防衛と同じではない。第一に、最悪の場合には単独ででも侵略に対して徹底的に抵抗する態勢を持ち、第二に、友好国との対等提携を維持するために、集団自衛権の行使を認め、第三に、国連決議を中心とする国際警察の体制に積極的に参加していく、それが自国防衛における自主性ということにほかならない。

この誰にでもわかるはずの良識がこの列島では通用しない。自衛隊が憲法違反の存在であるにもかかわらず、憲法改正の動きは、百年河清を俟つごとくに、遅々としている、いや静止したままである。隣国が軍備強化に励もうとも核武装を終えようとも、この列島では、核武装はもちろんのこと、軍事費増大の声はどこからも挙がってこない。米軍基地の移設問題にあっても、アメリカ軍事力のプレゼンス（存在感）を弱めるのを補塡すべく自衛隊をどう強化していくか、という議論が行われた形跡はないのである。

こんな無防備国家に「安保改定五十周年」がやってくる。半世紀前のあの「改定反対闘争」は、防衛論の次元でいうと、疑いもなく莫迦騒ぎであり、膨らんだ挙げ句に破裂するのが必定の世論気分の風船にすぎなかった。しかし、日米の国際関係にあって、ただならぬ欺瞞が進行しつつあるということへの反発としては、その直情径行の運動にも少しは言い分があったのである。日米同盟の美名の下に、あるいは友愛外交の美辞によって、国家の防衛をめぐる問題の存在そのものを念頭から消去するという国民精神のピュエリリズム（文化的小児病）が発症したのは、ほかならぬこの平成の時代においてである。

「戦後の病理」のこの末期症状に最終の診断を下そうではないか、と対談を申し込まれてきたのは宮崎正弘氏のほうからであった。私には、中国問題や国防問題の専門家であるのみならず、その方面における多作の著述家である宮崎氏の相手をする情報面での力量が不足している。そう自覚しつつも、主として国家論にかかわる物事の考え方についてならば、私にも揺るがせにできない思想がないわけでもない。で、氏との対談に赴き、できるだけ氏の思想を引き出そうとの心づもりで、物言いが乱暴に流れるのをあえて自重せずに、喋ってみた次第である。

宮崎氏は、世間では、中国問題および国防問題の情報通として知られているようだ。しかし、私のみるに、氏は思想家なのである。政治、経済、社会そして文化が、歴史の文脈のなかで、いかに絡み合っているかを解きほぐすスタイル、それを氏は保有している。その意味での文体に関心を持つ私としては、この対談に愉快を覚えずにはおれなかった。要するに、気分の齟齬を感じずに順調に語り合うことができたということである。

かの安保闘争においていわゆる過激派の端くれとして参加したことの痕跡が私の人生にはしつこくとりついている。私は、そのことへの省察をすましたうえで、言論界なる場所へ身を乗り出したつもりではいるのだが、私を過激派として難じる声は今も私の身に時折に届く。だから、当方としても、根本的という意味ではラディカルでありつづけようという気持ちを手放したことが一度もないものの、急進的という意味でのラディカルぶりは安保闘争の終焉と同時に投げ捨てた、それが私だとまたしても述懐しておかざるをえない。そのあたりの事情を宮崎氏があらかじめよく了解してくださっていたことが、この対談が順調に進んだことの一因だったと思われる。私心と公心をあえて入りまぜた話し方に面白味を感じてくれたらしい宮崎氏に、また吾ら両名の自在というよりも放縦な会話に付き合って下さった海竜社の美野晴代さんと渡邊茂さんに、心から感謝します。

平成二十一年　師走

第1章　独立の気概を失った日本

日米安保条約は事実上終わっている　【宮崎】

二〇一〇年は日米安全保障条約が改定された一九六〇年から数えてちょうど五十年になります。

日米安保条約はまだ続いていると我々は錯覚していますが、実はこの安保条約は事実上終わっているとも言えるのです。元外務省国際情報局長・駐イラン大使の孫崎《まごさき》享《うける》さんによれば、二〇〇五年十月に「日米同盟：未来のための変革と再編」という文書が出ていて、日米両国がサインしました。これは事実上の条約改定を意味します。

安保条約には極東条項（第六条）があるのに、この文書には、在日米軍の活動範囲は極東に限定されないとか、日米には共通の戦略があって、日米同盟は「世界における課題に効果的に対処するうえで重要」とか、飛躍したことが書いてあります。日本が「世界」の平和と秩序のために貢献し得るという内容で、この文書に署名したということは、今からの日本は、イラクでもスーダンでも、世界中どこへでも出て行かざるを得ないということです。しかも、行く先はアメリカが一方的に決めるという片務性が残ったままにです。

　過去半世紀を振り返って、日米安保条約がこれまで日本に裨益《ひえき》したことは確かです。偶然かどうかは別にして、結果的に日本の安全保障に貢献したことは厳然たる事実だと言えます。

　アメリカは、昔は「安保ただ乗り」と日本を批判していましたが、最近は言わなくなりました。いわゆる「思いやり予算*」でお金を出しているせいかもしれませんが、この予算は在日米軍の駐留経費のおよそ七五パーセントにも上ります。そもそも外国の軍隊が駐留していること自体、主権国家の体《てい》をなさず、国際的にはまずあり得ないことだし、金まで払うのはさらにあり得ない話です。台湾も米軍を追い出したし、タイはとうの昔に追い出しています。フィリピンもとうとう追い出しました。それを考えると、日本という国は本当にお人好しの国家です。

　一九八〇年代初頭、日米経済摩擦のピークの頃に、レビンというアメリカの民主党議員が「日本はただ乗りをしているから、ＧＤＰの二パーセントを安保税で払え」と

＊思いやり予算
「在日米軍駐留経費負担」のこと。一九七八年、アメリカ側の要求を受けた当時の金丸信防衛庁長官が「思いやりの立場で対処したい」と述べて負担を決めた。米軍基地で働く日本人従業員の労務費や基地施設の光熱費、施設の建設費などを含む。二〇〇八年度の負担額は二〇八三億円。

いうとんでもない決議案を提議したことがありましたが、同様の安保ただ乗り論の論理に組み込まれてしまったのが「思いやり予算」だと言えます。

「日米同盟：未来のための変革と再編」のことは、ほとんど新聞に出ませんでした。これが大きな変革につながっていることに政治家は気づいていません。ですから、外務省はうやむやのうちに進めてしまいました。

「極東」と言いますが、アメリカ人やヨーロッパ人の世界地図では確かに日本は端っこだから極東ですが、日本が中心なら、極東はニューヨークであり極西はロンドン……という冗談はおくとしても、極東条項もいつの間にかうやむやになりました。

ここ数年、論議されているのは、むしろ集団安全保障の問題で、集団的自衛権の行使を認めるかどうかといったことを日本の国会は世界情勢の周回遅れで話しています。しかし、実際にはとうの昔に、事実上の集団安保体制に移行しているわけです。国際情勢に疎《うと》い民主党が政権を握り、国会議員の一部にいまだに観念論が残っていることも恐るべきことです。

単独防衛の構えを持つことが国防の出発点

【西部】

六〇年安保改定の当時、「極東における国際の平和及び安全の維持に寄与する」という第六条の条文について、「極東」の範囲はどうなっているのかということで、国会の安保特別委員会が大騒ぎしていたことを思い出します。ただ、極東は別にそこが孤立しているわけではなくて、極東は極西とも連関しています。したがって、国際社会論として言えば、拡張解釈というかはともかく、もともと極東の範囲の解釈はグローバルに広がる可能性を潜在的に持っていました。今回、そのことを確認したということでしょうか。

この防衛問題を考えるたびに、僕は疑問に思うことがあるのです。よく「個別的自衛」と「集団的自衛」の区別がされて、中曾根康弘さんはじめ旧政権党の自民党関係者も「日本は個別的自衛権で専守防衛に徹する。集団的自衛権は*、内閣法制局の『憲法解釈として行使できない』という見解を受け入れる」と発言していました。

しかし考えてみれば、これは実に奇妙な言い方で、個別的自衛と集団的自衛が無関係であるはずがありません。自分の国を守るという非常に強い気持ちがあったとしても、では守るためにどうするかと考えたら、少なくとも可能性として、友好国と集団的に協定なり何なりを結んで、集団的自衛を第二段階として考えるのは論理上必然のことです。

友好国以外にも、敵対国や中立国、疎遠国がありますが、いずれも全くの無関係ということはあり得ませんから、そうなると世界秩序の問題が出てきます。世界秩序のあり方は、国連の安保理事会でその都度、押し合いへし合いして暫定的な方針が出され、それによって決まってくるもので、非常任理事国である日本は積極的に関わらざるを得ません。積極的な関わりが小さい場合でも、国連は政治の場であると同時に国際法的な法律形成の場ですから、国連決議にはそれなりに対応しなければいけない。本当は、国連など脱退してしまえば決議を受ける必要はないし、脱退はしないまでも、さまざまに異議を唱えて、決議に従うか否かは政治的な駆け引きによって決めればいいことです。しかしそのことは、高度な外交術の話で、一応脇に置くとします。

そうすると、防衛問題というのは三層構造になっていて、上から読むか下から読むかはともかく、個別的自衛と集団的自衛と国際警察の三層が絡み合っているというのがどの国にも当てはまる自衛の基本構造です。そしてその絡み方、つまり個別的自衛が強く出るか集団的自衛が強く出るかは、まさに状況、すなわちＴＰＯ（時と所と場合）の如何《いかん》によると考えられます。

実は、イラク問題が苛烈《かれつ》になっていった時に、有名な外交評論家である岡崎久彦さんが、僕が自主防衛の必要を言った時に、「自主防衛を言うとはおこがましい。その前に集団的自衛権の行使を日本国家が認めるかどうかが先決なのだ」とおっしゃった。その場はテレビだからまともな議論もできませんでしたけど、その時以来、僕はむしろ逆ではないかと思っているのです。まず自分の国は自分で自主的に防衛する、そのほうが先だということです。

国際情勢が最悪で、どの国も自国に協力してくれないという状況があったとしても、ある一定期間、自力でとことん頑張り続けて状況の転換を待つ、というぐらいの気力と準備を持つというのが、自主防衛の第一段階です。それをやって初めて、自主防衛をさらに堅固なものとするために、友好国なり同盟国なりと協定を結ぶということが、自主防衛の一つの系（コロラリー）として出てきます。

まず自主防衛の構え、そして自主防衛の最悪のケースとしての単独防衛の構えを持

＊集団的自衛権
日本政府は集団的自衛権を「自国と密接な関係にある外国に対する武力攻撃を、自国が直接攻撃されていないにもかかわらず、実力をもって阻止する権利」と定義している。国連憲章は第五一条で加盟国に個別的自衛権と集団的自衛権を認め、ともに国家の「固有の権利」だとしている。

たない国は、形のうえで集団自衛をやっても、結局は今の日米同盟と称されているものに見られるがごとく、友好国アメリカのほとんど言うがままに動かざるを得なくなるという形で、むしろ自主防衛にとっての疎外要因となってしまうのだと僕は考えているのです。

単独防衛は及びもつかない自衛隊の現状

【宮崎】

防衛の三層構造は、近代国家としてはそれでいいと思うのですが、現実には近代国家を名乗りながら近代国家ではない国――ならず者国家とか暴力国家とか――がたくさんあります。対比的に一番分かりやすい例は中国です。中国は自立自存という防衛の発想で、しかし専守防衛の範囲はとうに越えて過剰防衛になっていて、戦争の博物館みたいなものです。じつは先月、中国から帰化した評論家の石平《せきへい》さんと北京へ行ったおり、軍事博物館を見に行ったのですが、入り口にミサイルやら戦車、戦闘機の展示、二階が武器の展示と近代史、とくに反日の歴史解説のオンパレード。そして三階が古代からの戦争の人類史を展示している。見学のあと、石平氏が言うには、「戦争が悪いとは一言も書いていない。戦争は正しいという基本認識で貫かれている」と。かくして中国は、国連に対しては、彼らの対応の仕方には関連性がなくて、国連はただ政治宣伝と外交の舞台として使うだけです。外交が暴力を伴わない戦争の延長であるとすれば、中国のやり方は、それはそれで正しいかもしれませんが。

ところが、日本にはそういう発想さえありません。防衛とは、実は戦争の一手段が防衛なのです。しかし日本は攻撃のことが頭の中に全くない。そこがおかしいのです。孫子が言っていますよ、「攻撃は最大の防御なり」と。

戦争の基本は、人類の歴史が始まって以来、誰もが説いていることで、それを体系化したのが中国では孫子、西洋ではマキャベリ、近代では地政学が発達してマハンとかマッキンダーとかが出ましたけど、非常に分かりやすいのは孫子です。それによると、上策、中策、下策と分けて、本気で兵力を用いて戦うのは下策、馬鹿のやることだと言っている。中策は相手の同盟関係をぶち壊すこと、上策は戦わずして勝つことで、そのためには謀略を用いよと言っています。いろいろな仕掛けを施して相手を騙《だま》す、つまり高等な外交が上策に入るわけです。

たとえばV・ウィリアムズ著、田中秀雄訳『中国の戦争宣伝の内幕』（芙蓉書房出版）という本があります。原題は『Behind the news in China』で一九三八年に出版され、翌年には日本でも翻訳が出ています。一九三八年といえば、昭和十三年。対米戦争はまだ開始されていない時代ですが、中国では政治宣伝によって反日の気運が燃え上がり、前年には通州事件*が起こり、中国は混沌の極みにありました。日本は満州国を建国したが欧米列強と鋭く対立し、やがてＡＢＣＤ包囲網ができて孤立します。

そうしたなかで中国の悪辣《あくらつ》な反日宣伝を懐疑し、日本の宣伝下手がアメリカの誤解を生んでいる事態を憂いたアメリカ人ジャーナリストがいたのです。

著者のウィリアムズは戦前、サンフランシスコの新聞記者としてチャイナタウンの抗争事件を取材して勇名を馳《は》せ、日支事変が起こる前から極東を取材旅行し、共産主義の脅威を目の当たりに目撃、プロパガンダによって日本が悪者にされている危険性に注目した人です。日米関係の悪化を懸念し、ラルフ・タウンゼントらとともに警告を発したために真珠湾攻撃後に逮捕されました。アメリカは真実を語るジャーナリストが邪魔だったわけです。

ウィリアムズは一九三八年の状況を次のように書いています。「極東の危機についてアメリカで書かれたすべてのものはほぼ一方の側に偏していた。一方の側だけから物語られている。あらゆる問題に二つの側があるはずである。もし一方の側だけから話を聞くならば、諸君は公平に状況を判断できない。我々アメリカ人は両方の側から話を聞くのがよろしい。（中略）この国には中国のプロパガンダが氾濫《はんらん》している。そして日本を弁護するものをほとんど見ないのである」。

＊通州事件
盧溝橋事件から間もない一九三七年七月二十九日、北京近くの通州で中国保安隊が日本軍留守部隊と日本人居留民らを襲い、二百数十名を虐殺した事件。

いまも昔も日本人の自己表現力は乏しい。とくにこの時代は「武士は食わねど高楊枝」、「武士に二言はない」、「饒舌《じょうぜつ》はおなごの特技、沈黙は金」という価値観が尊ばれた。逆宣伝はなされるままであった。言い訳をしないのが日本男児の美学だった。その特性につけ込んで蔣介石は共産主義のスパイとも組んで悪質な反日デマゴギーをまき散らした。

しかしウィリアムズは満州にも足を伸ばし、いやはや逆宣伝とは裏腹に日本が満州に対して「サンタクロース」のように善意と善政を施している事実を目撃しているのです。

当時も今も中国が展開している謀略宣伝工作は、日本をそそのかしてアメリカと対決に向かわせる嘘《うそ》放送を繰り返すことで「上策」を一貫して採用しているのです。

ところが、日本の場合は上中下いずれもなくて、下策らしき防衛力のジェスチャーがあるだけ。これでは所詮、国際社会で太刀打ちできません。国連も、他の国はみんな政治の活用の場だと思っているのに、日本だけが理想を述べる場、社交サロンだと思っています。

歴代総理も国連で美辞麗句を並べ立てることを、ゴテゴテの理想論をぶちかますことを生き甲斐《がい》にしてきた。だからハーマン・カーン博士はタバコの「ピース」を投げて、「日本人は平和《ピース》を煙にしている」とからかった。

自主防衛について考えると、単独防衛か集団防衛かの前に、自主防衛と言うからには、まず何を何から守るかという定義が必要です。そうすると、一般的には外国の侵略から領土と国民の生命と財産を守るということになります。しかし、だいぶ前に防衛庁の高官と議論したことがあるのですが、「我々の精神を守ることは入らないのですか」と聞いたら、「は？」と言ったのです。そのことは全然計算に入っていないわけです。

次に、兵器体系には戦略兵器、戦術兵器、戦場兵器があります。戦略兵器とは、アメリカが持っているＩＣＢＭ（大陸間弾道ミサイル）や長距離爆撃機プラス早期空中警戒機など。戦術兵器は戦域兵器と言いかえてもいいもので、リージョナルな防衛ができる兵器です。それには攻撃用のジェット戦闘機から上陸用舟艇まで入ってきます。戦場兵器は迫撃砲などの砲と弾薬、機関銃もそうです。

日本はまず、戦略兵器レベルを何一つ持たされていません。戦域兵器は、わずかに専守防衛用の兵器を持たされているだけです。たとえば戦車や地対空ミサイル「パトリオット」。この「パトリオット」は攻撃を受けたら迎撃するというおかしなミサイルですが、そういうものはありません。戦場兵器は、多少兵器らしきものはありますが、弾薬が全然足りません。いざ戦争になったら、アメリカから支給を受けざるを得ない。そうすると、兵器体系一つをとっても、日本は自立できないというのが、防衛現場における恐るべき現実です。

精神の問題が守る対象に入っていないことが一つ。二つ目は兵器体系のいびつさ。ですから、とてもじゃないが日本は単独防衛はできないというのがリアリティーなのです。

ではどうするのか？　日本が単独で何日耐えられるかという議論が一九八〇年頃にありました。一九七九年十二月二十五日にソ連がアフガニスタンに侵攻*した時に、ぱっちり目を開いたカーター政権が日本に対して突如、言ってきたことは、アメリカが大規模戦力で日本に応援に駆けつけるまで、少なくとも三十五日間は日本単独で耐え得る体制をつくれ、と。三十五日という数字がどこから出てきたかは知りませんけども、そういう議論がありました。

アフガン侵攻でソビエト脅威論が急に高まると、今度はアメリカの地域的戦術が変わります。アメリカは大体のことはカバーできるが、一つだけカバーできないところがある。日本近海を遊弋《ゆうよく》するソ連の潜水艦はどうしてもカバーできない。だからこれを日本でやれ、と。その結果、どういう変化が起きたかというと、対潜哨戒機Ｐ３Ｃを百十七機も買わされたのです。

結果として、日本の自衛隊は今、対潜能力たるや、おそらく世界一でしょう。潜水艦を発見できる能力は極めて優秀です。最近では海賊対策でソマリア沖までＰ３Ｃが行っています。しかしものすごく技術が偏在している。体系的に考えると、日本の自衛隊は何のためにあるのかと言えば、結局、アメリカ第七艦隊の戦力を補完するためにあるようなものではありませんか。

＊アフガニスタン侵攻
ソ連が共産主義国家として堅固であった時代、その影響下にあったアフガニスタン国内に抵抗運動が広がったため、ソ連は軍事侵攻して大統領を処刑し、新たな親ソ政権を樹立した。ソ連は十万人以上の地上兵力を投じて全土を制圧したといわれる。侵略に抗議するアメリカの呼び掛けで、日本を含む西側諸国の多くが翌一九八〇年のモスクワ・オリンピックに参加しなかった。

「日米同盟」の名の下で失われた独立の気概　【西部】

　イラク戦争の頃、防衛問題のあれこれが議論された折によく言われたのは、ホッブスでもいいし、マキャベリでもいいのですが、国際社会は自然状態(state of nature)、つまり弱肉強食のジャングルめいたもので、そこで身を守るためにはルールは全く当てにならず、実力が必要なのだということでした。したがって、武器という名の実力において国際社会に乗り出すしかないという、ある種のリアリズムがずっと喧伝《けんでん》されました。

　僕はそれをかなり認めます。というのも、世界の防衛論では、リアリズムに対抗するものとして、いわゆるコオペラティヴィズム、協調主義の防衛理論があって、アメリカでは後者の協調主義者は平和主義者と言われています。これに対して前者のリアリストは、ジンゴイストあるいはベリジャレント、つまり好戦主義者と言われています。しかし、実はホッブスにしろマキャベリにしろ、議論の大前提として自国の独立ということがあるのです。イギリスの場合はコモンウェルスですが、マキャベリの場合ならフィレンツェで、イギリス連邦やフィレンツェの独立を守るという目的があって、そのための戦略なのです。

翻って日本を考えると、自衛隊法の第三条には「自衛隊は、我が国の平和と独立を守り」とあって、ちゃんと「独立」と書かれています。ところが、日米安保条約を結んで以後の日米関係においては、先ほどのＰ３Ｃを山ほど買わされた云々の経緯に見られるように、一貫して日本の独立性が曖昧にされ、それどころかさまざまに汚され傷つけられてきました。そういった状況の中に自衛隊も存在しています。

僕は時々、皮肉交じりに言うのですが、自衛隊は、平和とは戦争がない状態で、その状態をもたらすために、日米安保条約その他を解釈しながらいろいろやっているようだけども、仮にそれを認めたとしても、独立を守ることにおいては自衛隊はあまり貢献しているとは思えない、と。「自衛隊は、自らの自衛隊法に違反しているのではありませんか」と、自衛隊に講演を頼まれた時に、ジョークを交えて言ったりしているのです。

どうして独立のことに触れたかというと、「日米同盟」の美名の下に、日本の独立が侵されるという事態がさまざま続いているからです。これはアメリカのせいだなどと言う気はありません。独立を守ろうという意識が当の日本人に薄いのです。過去六十年近く、独立の気概は失せる一方だというのが僕はどうしても気になるところです。

国際関係論で有名なズビグニュー・ブレジンスキー（米カーター政権時の大統領補佐官）は、日本を「プロテクトレート（保護領）」と呼びました。あるいは「テリトリー」。テリトリーは領土ですが、この言葉はいささかふくらみがあって、かつてはテキサスなどもアメリカのテリトリーと呼ばれていました。準州、つまり投票権を持たない領民ということです。今のプエルトリコがそうです。

日本は、日米安保を介在させながら、アメリカの保護領、プロテクトレートであり、もっと言うと準州、テリトリーである。これがおそらくアメリカの認識でしょう。アメリカ側からすれば、むしろ常識的な対日観を率直に述べたのがブレジンスキーだということです。それに対して、田久保忠衛さんその他が一時期反発して、「保護領とは何だ」と抗弁しておられた。しかし、いくら不平を述べたところで、客観的にも保護領である状態はずっと続いているわけです。

カルタゴの二の舞いだけは避けよ　【宮崎】

日本でも、亡くなった村松剛さんが、日本はアメリカの保護領だ、それが現実なんだと喝破していました。ブレジンスキーは一九七〇年代に『ひよわな花・日本』を書いた。『ゲーム・プラン』を書いたのは八〇年代後半、日本がアメリカの保護領と言ったのは九〇年代後半でしょうか。ブレジンスキーは一九九七年の『フォーリン・アフェアーズ』九・十月号で「米国の保護国としての事実上の地位」と書いています。

保護領で思い出すのは、なんといってもポエニ戦争の時のカルタゴです。ローマにとって地中海の対岸にあるカルタゴは完全な保護領でした。カルタゴはカルタゴで、防衛をローマに任せていました。そのうちにカルタゴが経済発展を遂げて豊かになると、ローマの政治家、大カトーが「これを見よ」とふっくらしたイチジクを持ってきて、「カルタゴはこんなに太った、いいイチジクを食っている、カルタゴを滅ぼそう」と言い出したのです。三回戦争をやって、初期の頃はカルタゴも独立精神があり、ハンニバル将軍が出て勇敢に戦いますが、その英雄を本国カルタゴは邪魔者扱いしてしまう。日本も似たようなものです。日本でも、西部さんのようなことを言うと、みんなが邪魔者扱いしますからね。田母神《たもがみ》俊雄航空幕僚長をクビにしたように。

結局、カルタゴは最後には防衛力を奪われて殲滅《せんめつ》される運命を辿りました。生き残った五万人は奴隷として売られ、カルタゴの土地は血の海となって、塩をかけられた。十年ほど前にカルタゴの跡に立って、私はつくづくそう思った。今の日米関係をローマとカルタゴにたとえるとするならば、日本としては、カルタゴの末期だけは避けなければいけないだろうと思います。

ともかく情けないことながら、日本はアメリカの事実上の保護領となって、六十年［宮崎後註　現時点からいえば戦後七十三年］。日本人はそのことに慣れてしまって、疑問を挟もうとする人たちが非常に減りました。

ナショナリズムの放棄と「自由民主」の丸呑み　【西部】

日本がアメリカの保護領となったのに、日本人がそのことを何とも思わなくなってしまったのはなぜか。やはり大東亜戦争における対米敗戦の総括に問題があったのだと思います。戦争は時の運ということもあるのに、また単に兵器における物理力、という善悪を超えた客観の問題でもありうるというのに、「悪かったのは日本だ。アメリカが正しかった」と日本人は整理しました。この整理は別に共産党、社会党がやったのではなくて、吉田茂や、一九五五年の保守合同以降で言えば、自由民主党陣営がそう考えたのです。

いわゆる反左翼陣営が大東亜戦争を肯定するときの、最大にして唯一と言っていいくらいの論拠は、日本はあの戦争によってアジア諸国を欧米の植民地主義から解放したではないか、というものです。辛うじて、あの戦争には民族解放というポジティブな面があったと主張しただけでした。

それはその通りに違いないけれども、かなり弱い肯定論にすぎないのではないか。

植民地主義から自由にするというのは、アイザイア・バーリンの自由論を使えば「～からの自由」、ネガティブ・フリーダム（消極的自由）であって、「～への自由」、すなわち解放された後に何へ向かって価値を追求していくかというポジティブ・フリーダム（積極的自由）ではありません。実は大日本帝国は、このポジティブ・フリーダムをアジア諸国に必ずしも説得力ある形では示しませんでした。日本がそこで出したものは、大ざっぱに言えば、「大東亜共栄圏」や「八紘一宇《はっこういちう》」＊などのアジア・イメージでした。しかし、これではアジア諸国を説得することも励ますこともできなかったのです。というのは、大東亜共栄圏も八紘一宇も、結局のところ、日本のイニシアチブによるアジア圏ですから、そんなイニシアチブには服したくないという民族は、すでにあの当時ごろごろいたからです。今はさらにそうでしょう。

それに対して、アメリカは「自由民主」、リベラル・デモクラシーという価値を、日本を含むアジアに提示しました。日本をはじめとして今なおアジア諸国・諸民族は、このアメリカ仕込みのリベラル・デモクラシーがポジティブな価値であると信じて、自分たちは自由や民主主義へ向けて前進するんだと思い込んでいます。その証拠に、戦後日本は長きにわたって「自由民主党」という党名を持った政党の統治下にあり、今は代わりましたが、今度の支配政党は「自由」が削られて「民主党」です。いずれにせよ、自由主義、民主主義というアメリカ仕込みの価値観をアジアに導き入れた最初の国は日本であったということです。

そうすると、アメリカ仕込みのリベラル・デモクラシーを少なくとも現代社会における最高の価値だと認めてしまえば、独立の気概など出てくるはずがありません。

というのも、もう少し説明すれば、「自由」といい「民主」といい、それ自体はほとんど空語に等しいものです。自由は放っておけば放縦、放埓《ほうらつ》に流れて、無秩序をもたらすだろうし、民主もまた、放っておけばわけの分からない世論に煽《あお》り立てられる衆愚政治に転落します。したがって、「自由民主」が本当の価値であるためには、各国家の秩序と国民の歴史的常識に基づいての自由民主でなければならない。

そして、国家にしろ国民にしろ、日本とアジア諸国は違うわけですから、後知恵で言えば、あの当時、「大東亜共栄圏」とか「八紘一宇」とかは分かりやすいスローガンではあったけれども、もう一押しすれば、中国も朝鮮も全部含めて各国がおのれのナショナリズムをしっかりと掲げていいんだというメッセージを打ち出せばよかった。そこで問題になるのは、それらナショナリズム相互のせめぎ合いや協力のし合いをい

＊八紘一宇
日蓮宗系の思想家、田中智学が造語した言葉。『日本書紀』の神武天皇の条に見える「八紘（あめのした）を掩（おお）ひて宇（いえ）と為（なさ）む」」が元になっている。『日本書紀』の文脈では、世界を一つの家のようにするという意味。

かにやっていくかということです。それをアジアのアソシエーション（連合）と呼ぶかどうかはともかく、そういうイメージを本来出すべきだったでしょう。

僕が言いたいのはナショナリズムの問題です。そのナショナリズムがアジア全体を説得するほどの域に当時、達していなかったということもあって、そのせいなのか、日本はナショナリズムを丸ごと投げ捨てるという形での対米敗戦、そして「自由民主」のイデオロギーの受容という方向に戦後の歩みを進めてきました。

したがって、独立の気概はまずそこで大きく削《そ》がれてしまいました。それに輪をかけるようにして日米安保条約が結ばれ、日米同盟なるものができます。しかし、美名というか空語というか、自らがアメリカの保護領にすぎないのに、アメリカとの軍事協定を「同盟」と呼ぶのはおかしなことです。左翼陣営が言う分には、きれい事でもって事態の真相を隠すのが左翼的イデオロギーでありムードですから、それは致し方ないとしても、反左翼陣営の側までが、テリトリーやプロテクトレートの実態をいわばシュガーコーティングするように「日米同盟」と言ってしまう。同盟とはアライアンスですから、語源のことはよく知りませんが、一線に並ぶ、ラインに並ぶというのが同盟の持つ意味合いです。そうであるからには、あくまでイコール・パートナーシップ、対等提携でなければならない。もちろん、全くの対等ということはあり得ないので、おおよそでいいのです。ところが、長い間アメリカから、日本はもっと積極的に軍事問題に関わっていいんだぞ、イコール・パートナーシップなんだぞと、度々誘い水をかけられても、日本人はむしろそれを自分から拒否して、「アメリカ様の軍事力があるおかげで、我々は安全に生き延びていくことができる」といって御仕舞とする始末です。

僕が残念だなと思うのは、そんな態度なり雰囲気なりを、左翼が押し出すのならともかく、左翼を批判する勢力の側も、リアリズムの名目の下に随分と振りまいてきたことです。宮崎さんご一統は別として。

経済・法律分野でもアメリカの植民地に

【宮崎】

昭和十五（一九四〇）年に大東亜会議があって、あの時にアジアのリーダーたちが日本にやって来て、日本のビジョンに合流するというプランは一応ありました。

それは別として、戦後、独立精神が失われたのは、もう一つ指摘するとすれば歴史教育と道徳教育の禁止です。日本の歴史教科書には英雄が出てこないのです。東郷平八郎も出てこなければ、乃木大将も出てこない。楠木正成も申し訳程度に名前が載るだけです。こういう歴史で育つと、自分の国に対する誇りはなかなか生まれてきません。戦後の日本の若者の多くが腑抜《ふぬ》けになってしまったのはそのせいだろうという気がしないでもない。

アジアの諸国を独立させた日本の功績があるにもかかわらず、肝心の日本が独立精神を失ったうえに、もっとひどいのは、自らがアメリカの植民地になってしまったことです。自由やリベラリズムをあたかも正義のように誤認して、その弊害が経済分野で一番ひどい。マーケット至上主義だとか何かわけの分からないことにみんな染まってしまいました。

もし日本が独立国家であるなら、金利は自分で決める権利がある、為替レートは自分で決める権利がある、通貨の供給量も自分で決める権利がある。これらは日本の経済の根幹に関わる重要な権利です。にもかかわらず、この三つの金融政策のどれをとっても、全部アメリカの圧力で右往左往させられています。日本がまともに自分で自分の国の金利を決めたことがないのだから、こんな滅茶苦茶な話はありません。

マーケットの自由、貿易障壁の撤廃から始まって、日本のルールがアメリカのルールとそっくりそのままに変えられて、ついにやってきたのが例の「年次改革要求」でしょう。アメリカがああしなさい、こうしなさいと、事細かに要求を突きつけてくるものです。もう少し具体的に言えば、まずやってきたのが大店法（大規模小売店舗法）でした。それによってジジ・ババ・ストアがなくなって、伝統的な商店街がなくなって、情緒の溢《あふ》れていた地蔵通りなどは消えかけて、みんなスーパーマーケットになってしまい、最後にアメリカからどんどん大流通の大手がやって来ました。

＊日本の歴史教科書と英雄
中学歴史教科書を検討した『全「歴史教科書」を徹底検証する・二〇〇六年度版』（三浦朱門編著、小学館）によると、「東郷平八郎」は調査対象八社のうち五社が、「乃木希典」は六社が全く取り上げていなかった。また、「楠木正成」は解説のない人名としてのみ取り上げた社がほとんどだった。

逐一挙げればきりがないのですが、それは関岡英之さんたちの研究に譲るとして、もっと大きな災禍は法律植民地に堕《だ》したことでしょう。商法改正にもいえることで、日本の法体系がいつの間にかアメリカの判例べったりになってしまいました。死刑をめぐる論議もそうですし、特許法をめぐる問題もそうです。ビジネスのやり方、ビジネスモデルまでアメリカ流になってきました。これに対する抵抗勢力は何か保守反動のように言われるおかしな風潮です。極めつけは郵政改革という名の改悪ではないでしょうか。アメリカに対する最後の抵抗線さえ失われてしまいました。

国柄なき押し付け憲法を押し戴《いただ》いた日本人

【西部】

独立の気概の喪失は本当に根が深い問題です。たとえば対米敗戦を確認するように制定された日本国憲法。一九五〇年代まで自民党は、押し付け憲法をやめて自主憲法をつくろうと言っていましたが、僕は戦後の大きな経緯を見たら、とても押し付け憲法などという生やさしいものではなくて、こんな素晴らしいものを頂戴して何と嬉しいことでしょうと、日本人全体でありがたく押し戴《いただ》いたというのが実態であると思います。

ここで指摘しておきたいのは、いわゆる保守陣営、反左翼陣営があの憲法を取り上げるときは、ほとんど九条の問題だけでした。つまり非武装と不交戦を定めた憲法九条の第二項を指して、そんな絶対平和主義を認めていいのかという批判に局限されてきたのです。これは本当の話で、かつて自民党が憲法論議をやっていた時に、多くの若手の自民党議員が、今の民主党議員はさらにそうでしょうけども、あの憲法の前文はまことに素晴らしい、もしくは何の文句もない、本文に至っては変えるとしたら九条ぐらいだと言っていました。

しかし、私の持論によれば、憲法前文もそうですが、憲法の一一条、一二条、一三条あたりは大きな問題を孕《はら》んでいて、それらはアメリカ流の人権主義、自由主義、個人主義を高らかに謳《うた》っているのです。そのことに象徴されるように、要するに日本国憲法は、日本の国民の価値は何であるか、あるいは日本の国柄をどう守るのかといったことに、天皇条項をいささか別とすれば、全くと言っていいほど何も触れていません。こういう憲法を今なお、みんなして、右も左も関係なしといった調子で、さしたる疑問も差し挟まないまま受け入れてしまって、果たしてそれでいいのか。

九条の背後に隠れている問題を我々は見抜かなければいけません。つまり、アメリカン・リベラリズムとアメリカン・デモクラシーを崇高なもの、絶対的なものとして日本民族が受け入れてしまい、それにより価値観において精神の背骨を失ってしまった、言い換えると日本民族は自らくずおれてしまった、ということです。その問題をひとたび見抜いてしまうと、「日米同盟」という言葉がいかに空語かということも分かってきます。

それで、先ほど宮崎さんが歴史の教育がなくなったとおっしゃって、その一つの証拠として英雄というものが登場しないという。その通りなのですが、英雄論に限定しなくても、あの大東亜戦争の数々の戦役において、日本民族がいかに戦ったか、あるいはいかに敗れていったかということについて、戦後日本人はほとんど関心を持っていません。関心を持つとしたら、いかに日本人が間違った戦争をやって、戦場の兵士あるいは空襲に巻き込まれた市民がいかに悲惨な目に遭ったかと、それればかりです。

僕は遅ればせに、四十歳を過ぎてから、こういう自分ではおかしいなと思って、結構忙しかったにもかかわらず、戦記物をあれやこれや百冊程度読んでみたことがあります。その後、ぽちぽちですけど、たとえば中川州男《くにお》大佐（戦死後に陸軍中将）が指揮したパラオ共和国のペリリュー島——一万余名が激戦の末に玉砕——とか、二万一千名が玉砕した硫黄島とか、あるいはインパールも入り口まで行ってみました。そうやって、かつて日本人がどんなふうに戦っていったのか、民族としてどれほど雄々しかったのかを、体で感じ取ろうとしてみたのです。もちろんそこには悲惨なことがありますが、現地に行って、ある程度の知識を持って立てば、おのずと、そこで死んでいった兵士たちに対して最敬礼せざるを得ないという思いになったものです。今はそういう体験を子供たちにさせるとか、体験録を子供たちに語るといったことは、単に学校教育のみならず、マスメディアでも一切封じられてしまっています。ですから、こんな国がまともな国防軍をつくれるわけがないのです。

第2章　安保闘士から見た、六〇年安保の真相

「三国志」の英雄に見えた六〇年安保の闘士たち　【宮崎】

一九六〇年の安保改定をリードしたのは当時の岸信介《のぶすけ》首相ですが、改定前の旧安保条約*は、実は安保でも何でもなくて、アメリカの占領軍が引き続き日本に居座ることの合法化という性格がありました。それに対して、主権国家であるからには、完全対等とは言わないけれども一応対等な国同士の関係の条約にするというのが、岸さんの基本的な考えだったと思います。しかし安保改定はすんなりいかず、当時力の強かった社会党や共産党、その系列の市民団体、労働組合、学生はじめ多くの国民が反対の声を挙げて、六〇年安保闘争の嵐が吹き荒れました。

しかし大袈裟《おおげさ》に言えば、この安保改定とは、小村寿太郎の関税自主権の回復に匹敵するほどの不平等条約の改定という歴史の重みを持っている。

「安保」をめぐる半世紀とは、いかなるものだったのか。

昭和三十五（一九六〇）年六月十五日。アンポ改定に反対するデモ隊が国会をとりまいた。東大生の樺美智子さんが死んだ。デモの隊列にあって群衆に巻き込まれて圧死したのですが、左翼はこれを権力の謀殺と宣伝しましたが、だれも信用しなかった。昭和四十二（一九六七）年十月八日、佐藤首相のベトナム訪問に反対する左翼学生が騒ぎ、羽田空港付近で京大生・山崎某君が仲間の運転した車に轢《ひ》かれて死んだ。機動隊は二十数名が瀕死の重傷だった。左翼学生らは権力側に殺されたと宣伝しましたが、だれも信用しなかった。

これらが所謂《いわゆる》「七〇年安保決戦」の開幕でした。翌年一月には佐世保、三月には成田、そして流血沙汰は東大安田講堂まで続き、突然、国民は左翼の隠された目的を知り、暴動的な酔い、つまり非武装中立などという戯言《たわごと》から醒《さ》めました。

昭和四十五（一九七〇）年は安保条約の改定から十年目であり、左翼は「七〇年安保決戦」を獅子吼《ししく》していました。前年の東大安田講堂と新宿騒乱の前哨戦が泡のごとく消え、左派の分裂は決定的になり、「革命ごっこ」は意気消沈しました。かくて流血の革命が予測された七〇年は平穏に幕が開け、左翼は内ゲバに熱狂し、「革命」を

＊旧安保条約
日米安全保障条約は、日本が独立を回復したサンフランシスコ講和条約と同じ一九五一年九月八日に締結された。旧安保条約では、日本が米軍に基地を提供する一方で、アメリカが日本を守る義務は明記されなかった。米軍の出動について事前協議の制度はなく、日本国内の内乱や騒擾の鎮圧に米軍が出動できるとする規定もあった。

唱えた各組織は壊滅に瀕し、窮状に陥った日本赤軍派のハイジャック事件と三島由紀夫の憂国の諫死《かんし》事件で終わりました。

昭和五十五（一九八〇）年、安保条約の改定から二十年が経ちました。

所謂「八〇年アンポ」は左右対決の政治状況にはなく、あらかたは体制保守か革命の唄も謳わないサヨクに転じていました。サヨク全学連ＯＢは「同窓会」を、そして日米安保二十周年記念の日米シンポジウムが東京で開催され、ゲストのフォード元大統領が来日して「安保改定」を示唆しました（筆者は広報担当として、会場のホテルに泊まり込んでいた。シンポジウムの記録は『日米同盟の二十年』自由社）。

かつて六〇年安保闘争の象徴だった唐牛《かろうじ》健太郎氏は死去し、西部邁氏は保守の側にあり、江田五月氏は国会議長となり、清水幾太郎《いくたろう》氏は「核の選択」を主張した。左派インテリや進歩派の好んだ『世界』は読まれなくなり、一方で保守主義の牙城だった『諸君！』も休刊しました。

情勢はめまぐるしく変わりました。東西冷戦の終結は、結局、なにを意味したのか？日米安保体制とはソ連、中国、北朝鮮を仮想敵に防共の軍事同盟ではなかったのか？ところが主要敵だったソ連が崩壊し、ワルシャワ条約機構は消滅し、ＮＡＴＯは性格をかえてイランを囲む新型の防衛機構に早変わりしましたが、性格は弱まり、中国は時代を先取りするかのように「上海シックス」を主導し、他方ではアメリカの金融秩序へ挑戦を始めました。

　英米同盟は鉄からアルミのように軽くなり、ＮＡＴＯ五十年式典は独仏国境で開催され（二〇〇九年四月一日）、アメリカからはオバマ大統領自身が出席したものの加盟国はベルリンの壁が壊れたときのような興奮状態にはなく冷静だった。ロシアはＮＡＴＯのチェコとポーランドのレーダー基地化に反対を唱えオバマは譲歩しました。グルジア、アゼルバイジャン、ウクライナのＮＡＴＯ入りが時間の問題となっています。

　ＮＡＴＯの運用の比重を独仏英主導に移管しつつあり、アジア・環太平洋におけるＧ２（米中）時代の到来は次の日米関係を曇らせています。

　こうした歴史のパラダイムのなかで、〝六〇年安保闘争とは何であったか〟はいまだに大きな問題として残っています。そこで、まずは六〇年安保の問題を取り上げます。

　六〇年安保の時、私は中学二年生でした。デモ隊の国会突入や首相官邸突入などをテレビで見ていて、すごい共感と焦りがあったものです。ですから、「六〇年安保の闘士」は憧れの的だったのです。当時の中学生の感覚から言えば、『三国志』に出てくる英雄みたいな人たちという印象でした。唐牛《かろうじ》健太郎氏やら、六〇年より少し後の江田五月（現参議院議長）あたりまでを含めてのことです。指導者が東大生というところがよかった。慶応はほとんどいませんでしたね。早稲田や明治、そして京都大学ほか旧帝大が中心でした。日本中がナショナリズムに沸いていました。

「安保反対」が「あんぽんたん」と聞こえた

【西部】

あの頃は幼稚園生までそのあたりでデモをやっていて、「あんぽはんたいー」と言っていました。ただそれが、僕の耳には「あんぽんたん」と聞こえて、「何をやっているのかな」という大きな不安が頭の後ろにずっと張り付いていました。

それもそのはずで、僕は間違いなくそうですが、僕だけでなく、社会党や共産党が集まってつくった「安保改定阻止国民会議*」（安保共闘）の指導者たちも、岸信介さんたちが作り上げた安保条約改定文をほとんど読んでいなかったと思います。新聞などに出てきていた、「極東」の範囲をどうするかといった国会の議論をぼうっと眺め

＊安保改定阻止国民会議
野党や労働組合、市民団体などが結集して一九五九年三月二十八日に結成された。これ以降、安保改定阻止の運動は全国に広がっていった。参加団体数も当初の百三十ほどから千六百を越すまでに増えていく。国民会議は、断続的に全国統一行動を実施して大衆的なデモを行い、安保闘争が佳境に入った六〇年四月から六月にかけては、たびたび十万人規模の国会請願デモを組織した。

ていただけで、条約の改定文を読んで、自分たちでそれをどう理解、解釈するかという努力をほとんどしないまま動いていたのではないか。僕の場合は明らかにそうで、僕の周辺もみんなそうでした。だから「あんぽんたん」と聞こえたわけです。ああ、言われているな、と。これは後知恵で問題をおぼろげにごまかしているのではなくて、本当なのです。

六〇年安保の年は大学三年目に当たっていて、東大教養学部（駒場）で留年してやっていました。教養学部は共産党が圧倒的に強いところで、これには理由があります。あの当時はまだ、ある種の権威主義的な、牧歌的な時代で、学生運動で東大を取ると全国の学生運動を左右できるという東大の権威というものがありました。それで共産党が、民青（日本民主青年同盟）の同盟員である東京都の高校生たちに、「受験勉強に専念して東大に入れ」と檄《げき》を飛ばして、その受験生たちが大量に入ってきたのです。それが一九五九年のことです。

わが方は、その前年の十二月に「共産主義者同盟」（通称ブント）をつくっていました。ところが、できたはいいものの、あまりにも雑な組織でした。加えて、僕は生まれが津軽海峡の向こうですから、左翼が何かということもよく分かりもしないで始めたのですが、早熟な東京都の人たちは、中学・高校の頃からちゃんと何だかんだと屁理屈だけは身に付けていました。そうなると実力では彼らに太刀打ちできません。

そんなこともあって、東京都の連中はブントに見切りを付けて、一斉に脱落していきました。残った〝阿呆たれ〟は、僕を中心とするほんのわずかでした。それが大量に入ってきた優秀な左翼運動家、民青運動家と対峙《たいじ》しなければならないというので、このことは四十代の半ばに書いてしまいましたが（『六〇年安保　センチメンタル・ジャーニー』）、僕は教養学部自治会の委員長選挙で票をごまかしたのです。おそらく、僕の実際の得票数は十分の一です。その僕が、過半数を取って委員長になりました。

共産党も感づいたでしょうが、証拠がないのでどうにもならない。あの時は委員長と副委員長が連名で立候補する決まりでした。副委員長候補に一人、同郷のよしみで、北海道出身の、ものすごく頭は良いが左翼にはほとんど関心のなかった男を、たぶらかしたと言ったら彼に悪いのですが、彼を巻き込んで連名で立候補しました。その彼も、そのうちあまりにも莫迦らしくなったのか、いなくなってしまいました。ということは、委員長一人が残ったという感じなのです。それで六〇年安保に入っていかなければならないという惨憺《さんたん》たる状況でした。

ですから、僕にとっての六〇年安保とは、一方でみんなの声が「あんぽんたん」と聞こえたということもありましたが、同時に内情を言うと、そんなのんきな話というよりは、実にからっ風だか木枯らしだか知りませんが、そういうものが体の中を吹き抜けていくという調子だったのです。

そしてその年、一九六〇年の忘れもしない一月に、岸信介首相が新安保条約の調印のためにアメリカに発つことになりました。わが方は、これがまた即席で、「渡米阻止」とか言って、組織の幹部連中のほとんどが大挙して羽田空港に押しかけました。ところが、いっとき空港ロビーを占拠*した後は、空港内の喫茶店に機動隊員によって封じ込められてしまいます。いわゆる袋のネズミ、一網打尽とはこのことです。ちょうど二十歳、がそろそろ終わろうかという一月、僕はめでたく逮捕されて起訴されました。まだ牧歌的な時代なので、警察に三週間いて、その後ちょこちょこっと東京拘置所にいただけで、合計一カ月半くらいで保釈されます。出てきたのは三月の初めですが、その時はもう、力はゼロになっていました。

世間的イメージではワーッと盛り上がっていると見えたとしても、僕はワーどころか悲鳴も出てこない。ニヒリズムというのか、何にもない、ニヒル（無）であるという意味において、自分の頭の中には理論もなければイデオロギーもなく、情熱すらない。しかし、始めた喧嘩《けんか》は終わらねばならない、そうするしかない、という形で六〇年安保に入ったのです。

ところが不思議なことで、僕はいわゆるムーブメント、運動を信じられないと思うのは、自分がしでかしたことを通じての経験ですが、いざ闘争が始まって、ワーッと国会に突入したりとか、首相官邸に突入したりとか、何かやっていると、それを新聞が報道し、それで旧左翼の運動が盛り上がる、社会党・共産党系の動員も増える、当方にあっても一般学生が街頭に出てくる、といった現象が起きてくるわけです。あの頃は、左翼用語で「大衆運動」と言っていました。しかしあれは、僕を筆頭にして、一種のモップと呼ぶべきものでした。モップとは暴民のことです。

とはいえ、暴民といっても、当時は別に、食うや食わずの凄《すさ》まじい時代ではありません。もうすでに高度成長は始まっていました。経済復興したのが一九五五年といわれていますから、「もはや戦後ではない」で、少しずつ豊かになってくる頃です。貧しかったけれども平和で安定した世の中になっていて、後進国によく見られるような、わけの分からないモップとは違いました。前頭葉の端っこが少々刺激されて、頭のてっぺんだけがモップになったと言ったらいいのかもしれません。それがほんの数カ月続いたということです。

その後、僕自身は七月から半年近く東京拘置所にいて、出てきたら、見込み通りわ

＊羽田空港事件
一九六〇年一月十六日、ブントを中心とする全学連主流派七百人ほどが羽田空港に集結した。国民会議が合法的、平和的な岸訪米阻止闘争を行ったのに対し、ブントはより過激で先鋭的な運動に突っ走った。すでに前年の十一月二十七日には、国民会議の国会請願デモのさなか、ブントの学生たちが国会構内に突入して、それに続く約一万数千人の学生や労組組合員らが国会構内を占拠する事件を起こしていた。

が組織は、いま自民党は全滅していますが、それ以上に華々しく全滅して、解体していました。それで僕は翌年までずっと待って、一九六一年三月十五日、自分の二十二歳の誕生日を記念して、忽然《こつぜん》と姿を消したという次第です。

ただ、完全に姿を消し切るというわけにはいきませんでした。裁判が三つ残っているという事情があって、裁判所に顔を出さなければいけなかったからです。罪状はというと、順不同で、建造物不法侵入、器物損壊、暴力行為等取締法違反、公務執行妨害……、七つくらいあったように覚えています。

裁判だけ三つ、淡々と進んでいって、僕は本当にこの世から沈没していたという感じです。「西部は昔、左翼過激派だった」といつまでたっても言われますが、僕にとっては実質半年間の経験にすぎません。しかもたった一人の運動です、票のごまかしも含めて。それで「あんぽんたん」という感じがずっと付きまとっているのです。そういうわけで、宮崎さんから「お前は一体何者であったか」と問われても、開口一番「済みません、ナッシング」。そんな時期だったとしか言えません。

反対闘争の背後にちらつく中ソの影

【宮崎】

西部さんは自ら規定されるように「保守論壇の乱暴者」ですか。

さて、少し歴史のコマを戻してみますと、大東亜戦争が終わってから、西側諸国が全然気がつかないところで中ソ対立が始まっていました。歴史をひもとくと、一九五五年が保守合同（自由党と日本民主党の二大保守政党が合同して自由民主党が誕生）ですが、あの前後の国会の動きを見ていると、自主防衛は当然だと社会党でさえ言っているのです。その前の一九五二年の国会決議は、東條英機以下、東京裁判で不幸にも絞首刑になった人たちを「昭和殉難者」だとしていますが、この決議には社会党までが賛成しています。今では考えられないことで、当時の価値観がどこで変わってきたかという問題があります。

これと関連しますが、安保条約改定で反対闘争を指令したのは、実は中国とソ連だったという事実、これはいままでは明確になっていることです。

直前に共産党の指導者がモスクワへ行く。その時から共産党の路線が変更されています。北京には一九五九年の三月に社会党書記長の浅沼稲次郎《いねじろう》が行っています。浅沼が行くと、四日間ぐらい北京に閉じ込められたらしく、彼の地で突如として「米帝国主義は日中人民の共同の敵」と言い出しました。以来、社共両党は「安保反対」に路線を転換して、それが六〇年安保と結びつくのです。

中国の場合、毛沢東がスターリンにお願いしても原爆はくれない。それで朝鮮戦争に協力したり、国民は飢餓で死んでいても農作物をソ連に差し上げたりして、やっと核の技術をもらいます。一九五八年に中国人民解放軍が台湾の金門・馬祖を砲撃し、五七年はソ連が世界初となる人工衛星スプートニク一号の打ち上げに成功しています。それでいきなり大国の仲間入りをしてきました。

そういう時代背景を考えていくと、六〇年安保闘争には、どう見ても外国勢力の介入があって、ひょっとしたら資金もきていたのかと勘ぐりたくもなるのです。

しかし、当事者たちは共産党を除いてみんな純粋にやっていました。やはり若さというものがあったと思います。学生の活動家は、睡眠時間はないし、会議をやってガリ版の中身を決めたら、ひたすらガリ版を刷って撒《ま》く。全然寝る暇さえないというのが活動家でした。

あの時代の雰囲気は、今から考えても、不思議で熱狂的で一方的で反米的でほとんどすべての知識人が安保反対を言っていました。そうした知識人ですら条約を読んでいませんでしたが。

アメリカ支配の偽善と欺瞞《ぎまん》

【西部】

六〇年安保闘争について、ギリシャ哲学の泰斗である田中美知太郎先生から「単なる莫迦騒ぎですね」と随分たってから言われて、僕は「全くその通りです」と答えました。四十過ぎのことです。

ただ、莫迦騒ぎも、たとえば恋愛沙汰も他者から見れば莫迦騒ぎでも、本人にとっては一種の通過儀礼で、恋愛も一度か二度はしないと大人になれないのと同じように、あの時ああいうことをやって、自己意識や人間認識も含めていろいろ学ぶこともあったのです。

今から思うと、戦争に負けて、僕は小学校一年が敗戦の年ですが、子供の頃から身近なところで占領軍に接していて、たまたま僕が暮らしていた札幌近郊の田舎の、わが家のそばにあった日本軍の小さな飛行場と格納庫兼弾薬庫が米軍に接収されたのです。そのせいで、毎日のようにアメリカのジープだのトラックだの戦車だのを見ていました。日本軍がその巨大な敷地の隅っこに捨てていった火薬を何とか拾い出してきて、五年生か六年生が弾丸をほどいて火薬の山をつくり、小学校一年の僕がそれを野原に撒いて、端っこから火を付けて、その燃え上がる様を実に美しいものであると眺めていた、それが僕ら子供の最大の遊びでした。

そういう少年時代でしたから、僕の感覚は一言二言で言うと、主として学校において、大人たち、ということは先生たちが、平和だとか、平和主義だ、民主主義だと言ったけれども、子供はなかなか敏感で、それがアメリカ経由の教えであって、指令とまでは言いませんが、何か先生たちの声が自分の声ではない、状況の命じるままにししゃべっているという自信のなさを感じ取っていたのです。もっと言えば、米軍支配、アメリカ支配というものが霧のように立ちこめているという雰囲気を、子供心に敏感に感じていたということです。

したがって、東京都の青少年たちは早熟だったのでしょうが、日本列島も端っこまで行きましたら、そういうことを明確に認識するという作業は、少年期はもちろん青年前期ですら不可能で、この霧を吹き払ってみたいものだ、もう少し露骨に言うと、大人たちがかぶっている、あるいはかぶらざるを得ないことになっている化けの皮を何とかして剝《は》がしたいという、そういう衝動に駆られていたのが十九、二十歳の頃でした。

宮崎さんは「(反日共系の)全学連は情念と正義感で動いた」と言っていますが、

間違ってはいないのですけど、その情念というのは非常に消極的なもので、自分から内発する強い情念ではありませんでした。社会の霧を追い払いたい、偽善・欺瞞と言いたくなるようなきれい事の化けの皮を剥がしたい、という衝動でした。正義といっても、拠るべき価値の基準があって、それを正義と振り立ててやった、というのでもないのです。即席で革命の真似事に手を染めたという感じです。しかも過激派ですから暴力革命です。もっとも、暴力の何であるかなどという大した経験もしていないし、ましてや革命の何たるかも分かりもしない、その果てに何が来るかの展望も、全然、できないどころかしたこともないのです。その程度の内容空疎な正義感で動いていたというのが僕の場合で、おそらく僕だけではなかったと思う。

実は正直に言うと、僕は単に安保改定文を読んでいなかったというにとどまらず、即席の極左派左翼として、ほとんどマルクスもエンゲルスもレーニンも読んでいませんでした。ちらちらと眺めたことがあるだけです。大学に入るやすぐに運動に入った活動家ですから、忙しいやら、疲れ果てるやら、眠いやらで、それどころじゃない。

今にして思えば、そういう空しき、中身のない作業の中に自分を放り込んでみたら、何かに到達できるのかな、何か正義のようなものを感じられることがあるのかなという漠たる予感でやっていました。ただ、十九、二十歳ですから、その程度でも結構、行き着くところまで行き着くのです。六〇年安保に限らず、その後の全共闘もほとんど同じようなものだったと僕は思っています。

「民主か独裁か」の二項対立が安保を吹き飛ばした　【西部】

一九六〇年五月十九日、衆議院の安保特別委員会で岸信介さんが強行採決*をしました。当たり前のことで、僕は当たり前だと今思っているだけではなくて、その時も思っていました。もちろん議論は必要です。しかしエンドレスで議論をやっているわけにはいきませんから、どこかで多数決をしないといけない。そして反対派が言うことを聞かなければ、どこかで強行せざるを得ない。そういう具合に僕は思っていました。

それが独裁であるということで、竹内好《よしみ》さんたちが、丸山眞男さんたちもそうでしょうが、「民主か独裁か」**という枠組みをつくったのです。これには僕も僕らも動かされませんでした。これで動いたのは旧左翼です。「民主主義を踏みにじる岸信介政権」ということになって、安保問題は完全に吹っ飛んでしまいました。民主主義を守るかどうかに論点がすり替わって、その結果、膨大な人間が国会周辺に押し寄せることになったのです。

これを政治論として詰めていくと、全く空疎としか言いようがありません。ヘリウムなのか水素なのか、何かしらの気体が吹き込まれて、アドバルーンがフーッと膨らんで、膨らんで、天高く上って、その夏にはポンと破裂したということなのです。

延々とまだ続いている〝安保闘争は何であったか〟という問いかけに対しては、自分たちは、大きく膨らみ、高く上がったアドバルーンの中でうろうろするばかりで、アドバルーンの外を見ることもできずにいたにすぎないのだ、そういうちっぽけな、笑うべき存在だったのだ、ということを、僕は別に反省しているのでも何でもなく、客観的に、その当時から自覚していました。だからこそ、すぐさま姿を消すこともできたのです。

＊強行採決
安保特別委員会での強行採決の後、衆議院本会議でも強行採決が行われた。これに野党各党が反発して岸内閣打倒の動きは最高潮に達した。国会を取り巻く大規模なデモやストライキが繰り返され、五月十九日から約一カ月にわたって安保闘争は空前の盛り上がりを見せることになる。ブント系の全学連主流派は首相官邸突入や国会突入を試み、六月十五日には警官隊との衝突の際に東大ブントの樺美智子さんが死亡する事件も起きた。国会審議は空転し、参議院での採決を経ないまま、新安保条約は六月十九日に自然成立した。

＊＊「民主か独裁か」
中国文学の研究者、竹内好は東京都立大学教授を辞職して岸政権の強行採決に抗議した。辞職後に発表した論考「民主か独裁か」が安保闘争の方向性に大きな影響を与えた。

挫折感があったかというと、僕は挫折したことがないのです。五〇年代左翼の柴田翔が書いた『されど　われらが日々──』のああいう敗北感とか憂鬱《ゆううつ》感とか挫折感とかは、僕の場合はなくて、それがまた多くの周辺の人をいらだたせたようです。あれだけ絶望的な状態に入っている西部が、なにゆえに、何の悩みもなしに、ケロケロとカエルのように鳴いているのであるか、と。

僕はアンドレ・マルローを十八、十九の頃に少し読んでいて、気分的にえらく影響を受けたということがありました。あとあと「アクティブ・ニヒリズム」と言われる立場です。僕はマルローのアクティブ・ニヒリズム、行動的積極的虚無主義という立場が成り立つとは思っていません。一応説明すれば、アクティブに動くためには何か強いものがなければ、結局は積極的、行動的にはなれないわけで、とことんニヒリズムを抱えていてなんで人間が行動できるんだろうということがあります。しかし十九、二十歳のレベルで言うと、僕にはマルクス主義、トロツキズムすら含めて、「そんなこと、どうでもいいや」という感じ、何もないニヒルな気分というのがあって、それでも、ひたすら何かのアクションへ自分を駆り立ててしまえという衝動に言葉を与えてくれたという意味では、アンドレ・マルロー的なものが随分刺激がありました。

ついでに言えば、六〇年安保がいよいよ始まる三月、唐牛健太郎《かろうじ》*という亡くなった全学連（全日本学生自治会総連合）の委員長が、ある小さな集まりで、彼も相当なニヒルだったのか、「自分はいまヒトラーの『マインカンプ（わが闘争）』を読んでいるんだ」と言っていました。もちろん翻訳で、でしょう、ドイツ語を読めるわけがない。実はちょうど僕もそうでした。マルローから気分的に影響を受けていたのは『レ・コンケラン（征服者）』という本ですが、『わが闘争』も読みました。それとて忙しいですから拾い読みですが。とにかくそういうものを読んで、凶暴と言いたくなるような行動へと自分を駆り立てなければやっていけませんでした。

実はその、やっていくということは、今から思えば恐ろしいことに、安保のことなどどうでもよくて、実は日々続く共産党との喧嘩なのです。ただ、全共闘の頃（一九六〇年代末～七〇年代初）のような殺し合いではなくて、それはまだ萌芽《ほうが》としてあっただけで、リアルには起こっていません。にもかかわらず、現場にいる者として、非常に皮膚感覚的に、これはいずれ殺し合いに行くなということまで強く予感される。しかも、機動隊とのぶつかり合いは、キャンペーンが張られる当日だけのことです。

＊唐牛健太郎
一九三七～八四。北海道函館市生まれ。北海道大学教養部自治会委員長を経て、ブントの結成に参加した後、全学連委員長となる。記者会見では「天真爛漫にストライキ、デモを行います」と宣言して、記者たちを唖然とさせたという。優れた指導力と演説の才で学生たちをリードした。一九六〇年四月二十六日の国会デモで警官隊と衝突して逮捕された。

日々、朝から晩まで、深夜に及ぶまで続くのは、あとあと「内ゲバ」と呼ばれることになった党派抗争なのです。

しかも僕の場合、先ほど言ったような経緯で似非《えせ》の委員長ですから、絶望的に不利な状態の中で党派抗争を続けることになります。そうなってくると、どうしても『わが闘争』を読んで、あの頃やくざ言葉で「空気を入れる」という言い方がありましたが、自転車のチューブに空気を吹き込むようにして、無理やり自分の中に空気を入れて、それでまた翌日動き回るということしかできない。考えてみれば、アクティブ・ニヒリズムという似非の思想をそうやって自分の中に吹き込んだ、それをほんの半年、一年、やり続けていたということなのでしょう。

したがって、安全保障問題を考えれば、全学連がやったことは何もそれとは関係ないという結論です。これはたぶん、偽りなくそうだと思います。

文学から革命路線に入った旧左翼

【宮崎】

一種、衝撃の告白といった感じを受けました。行動的ニヒリズムという一つのオブセッション、強迫観念みたいなものがあって、確かに、それがあの時代の日本人を支配していたようなところもあります。学校の先生も「安保反対」を叫び、「警職法*はけしからん」と、社会全体がそういう雰囲気でした。

柴田翔の『されど　われらが日々――』は、一九五五年の六全協（日本共産党第六回全国協議会）が中国式の武装闘争路線を放棄し、それによって進むべき道を見失った左翼学生たちの姿を描いた小説です。六〇年安保前の人たち、たとえば辻井喬《たかし》といった人たちは、文学論から入ってきています。ですから六〇年安保世代の人たちと話

*警職法
岸内閣は一九五八年十月、警察官職務執行法の改正案を国会に提出したが、警察権力の強化につながるとして国民の強い反発を招き、「デートもできない警職法」などと批判されて廃案に追い込まれた。

してみると、感受性が違うというか、何かおかしいところがあります。戦前のマルキストはもっとおかしいですが。外国かぶれは峻拒《しゅんきょ》しつつも理論的に論じ詰めた人ばかりだから、革命を起こし、成就した暁にはみんなが平等になるという思想で、その理論を煎じ詰めていくと、ソ連の修正主義的なものが許せなくなる。だから純粋革命派、理論派はみんなトロツキストにならざるを得ないのです。ところが、そうはならなかった。宮本顕治は文芸評論家だったし、戦後の左翼はみんな文芸評論から出発していました。文学的革命路線に入るのです。その辺りは、時代的雰囲気なのか、知識人の欺瞞なのか、よく分からないところです。

六〇年安保では、森田実、香山《こうやま》健一をはじめ、香山さんは亡くなったけれども、その後、大活躍する人たちがたくさんいます。政治家では加藤紘一とか。森田実さんは今や押しも押されもせぬ政治評論家となり、青木昌彦さんは世界的な経済学者でしょう、好き嫌いは別にして。

こうやって見てみると、いくつかの系統に分かれるわけですが、一群の人たちは中曾根康弘さんのブレーンになったり、保守論壇の一角から主流派を占めるようになったりします。この時代の変化は非常に面白い。

〝政権交代〟で颯爽《さっそう》と登場した全学連委員長　【西部】

　唐牛健太郎について今少し述べてみると、僕の場合は、まがりなりにも両親がいて、兄弟がいて、貧しかったけれども平凡な家庭でした。唐牛の場合は、私生児も同然の形で生まれた一人っ子で、自分の生い立ちからくる何かを常に内に抱えていました。絶対に表では言わなかったのですが、僕は彼と同郷のよしみもあり、彼がおのずと心情を吐露するような場面に何度も遭遇したことがあって、僕以上に、ある種のアクティブ・ニヒリズムの中で生きていたのではないかと思います。おそらく安保改定文を読んだことはないだろうし、北大の仏文科で、たぶんサルトルはじめフランス系の実存主義に少々気分的に親しんでいただけで、彼もまた、そういう状況で突入してきただけだと僕は思っています。

　地方の人にはありがちのことですが、彼は牧歌的な男でした。僕の兄とは同級生で、おそらく十八、十九の頃は、北大文学部を出て、反面、非常に真面目な男でしたから、どこか北海道の僻地の小学校か中学校の先生でもやって、という気持ちを持っていたらしい。ところが、家庭の事情が裏側にあったのか、ふっと常道を離れて何かをやる。そうするとやはり目立つのです。ちょうどブントが共産党から分かれてくる頃で、全学連の委員長候補がいませんでした。それで彼が委員長になるのです。

世代交代、今風に言えば政権交代です。香山健一さんや森田実さんなど一九五六年、五七年の砂川闘争*に参加した人たちを、我々は傲慢にも「全学連官僚」と呼んで罵倒しました。ブント派の全学連メンバーはほとんど昭和十二年生まれです。僕は早生まれの十四年生まれ、学年では十三年組、一番下です。ちなみに、僕は全学連では中央執行委員をやりました。これに対して森田さん、香山さんたちは昭和七年組、八年組です。

つまり、一九五〇年代の共産党の中の行動的な部分としての全学連派があって、それからの世代交代としてブント派の学生が出てきたのです。ヌーベルバーグ（新しい波）といった感じでしょうか。一見格好良さそうですが、実態はとんでもない内容空疎な連中が全学連の学生たちでした。その中でも最も内容空疎だったのが、自慢ではないが私めであるということです。これはへりくだって言っているわけではなくて、本当なのです。僕もそろそろ七十歳ですから、今さら格好つけても仕方がない。客観的に見て、そういうものでした。

ブントでは、島成郎《しげお》**とペアを組んで生田《いくた》浩二**が事務局長をやっていました。生田は五〇年代前半の山村工作隊出身、元所感派です。後にアメリカ留学中に寮の火事で亡くなりました。島は五〇年代前半、国際派に属していました。その二人で書記長と事務局長をやって、ブントをつくったということになります。ですから、全学連の後ろにあったブントでは、ほんのわずかの共産党から流れてきた連中、年寄りたちが、五〇年代前半の左翼とのつながりを保っていました。世代交代、ヌーベルバーグというのは、学生組織の全学連のことです。

ところで、宮崎さんの指摘にあった、その後論壇に登場してくる人たちで、誰がどうというわけではないのですが、森田さんを除いて——彼はインテリではありませんから。東大工学部ですが、砂川闘争では一種の強烈なアジテーター兼オルガナイザー

＊砂川闘争
米軍立川基地の拡張によって広大な土地が接収されることになった東京都砂川町（現・立川市）の農民を中心に、一九五五年～五七年にかけて反対運動が広がった。五七年十月には、警官隊との衝突で多くの負傷者を出した。

＊＊島成郎・生田浩二
島成郎（一九三一～二〇〇〇）は一九五〇年東大教養学部に入学し、日本共産党に入党。党内対立に際して宮本顕治らの国際派に属すが、除名され、のちに復党。さらに紆余曲折を経て共産党を離れ、ブント結成時に組織トップの書記長に就任する。生田浩二（一九三三～六六）は一九五二年東大教養学部に入学し、日本共産党に入党。山村工作隊・中核自衛隊などの軍事組織による武装闘争に関与した。

というのか、頭よりも現場の運動感覚で生きた人です。だから彼は別――、何とかのブレーンになったとか、何とかのプロフェッサーになったとかという人たちは、僕の頭の中の整理から言うと、これが本当の大問題なのですが、結論から言うと、おしなべて「アメリカニスト」と言いたくなるような形になるのです。もっと広く言うと、一種のファンクショナリスト、つまり機能的に何事かを分析し、その機能を探り当てて、それをオペレーション（操作）するという手法に長じた、あるいはそういうことを自分の専門分野として選んでいった人たちであったのです。

唐牛とか僕とか、要するに運動の現場に立って、頭は大してないくせに、いつも壇上に立ってわけの分からないアジテーションをやって、あるいはわけの分からない詐欺行為までやりながら、それで党派抗争を繰り広げざるを得なかった我々の側は、彼らとはかなり違います。

もちろん、全学連全部がアクティブ・ニヒリズムだとは言ってはいけなくて、ある種偏差値の高い、軽蔑語だから表現も、「高い」というより「たけえ」と言いたいですが、そういう「偏差値のたけえ奴ら」は、特に旧帝大関係者に多く見られました。今から思うと、彼らは結局のところ、何かを鮮やかに分析してみせることに喜びを覚える、もっと言うと、それがあとあと自分のポジションや収入として返ってくることに喜びを覚えるという意味で、今現在の日本の、一口で言えば「ビジネス文明」とでも言うべきものと何の違いもない頭脳構造なり感情の流れなりを持った人たちです。

もう少しあけすけに言うと、そのわっと出てくるかなりの部分が、単なる目立ちたがり屋、もっと言うと立身出世主義者です。全学連で立身出世なんてあり得ないのだけれども、世界が狭いから、そういうことも起きてきます。運動で自分が目立ちたいとか、幹部になりたいとか、そういう気分の者たちが結構多いと気づいて、僕はびっくりしたことがあるのです。

僕の場合は、文学癖でもないですが、有り体に言うと、犯罪者になってみたいというやみがたい衝動がありました。犯罪者と言うのが露骨すぎるとしたら、エスタブリッシュされたものからとことんアウトサイド（外側）に出てみたいという衝動、アウトサイダー志向があったのではないかと思う。唐牛もそうだと思います。僕はそういう人間を何人か知っていて、彼らとの交遊では、僕は非常に気持ちが落ち着いたのです。

前に述べたように、アンドレ・マルローみたいな気持ちが僕には強くありました。『レ・コンケラン』が描いたのは、たぶん広東《カントン》蜂起だったと思います。一九二六年か二七年に蜂起して、ぶっつぶされる事件ですが、さすがに南アジアはヨーロッパの植民地で、フランスはずっと前から入ってきていました。ヨーロッパの革命に失敗した連中が入ってきて、彼らが中国人のテロリストとの間でいろいろと確執を演じる模様が描かれていたりします。異国の果てまで来て、わけも分からず命を懸けた行動に入っていく人間たちの姿というものに、僕は異様に触発されました。ロマンチックすぎるかもしれませんが、でも偽らざる感情はそうでした。

そういうわけで、後々あるポジションを占めたい、名を上げたいといった人たちにありがちな精神構造や行動類型については、僕は十九、二十歳の頃からどこか唾をひっかけるという感じがありました。

ところが僕が不幸なのは、僕はその後、何の因果か東大の先生になったりしたものだから、そいつらと同類に括られることで、それが非常に腹立たしい。しかし、今さら弁明して歩くのも品がないから、じっと我慢しているのです。

三島がマルローに憧れ、マルローは三島に憧れた

【宮崎】

立身出世主義者は、もしかしたら比喩が間違っているかもしれませんが、元活動家が大学に戻って、優秀な成績で卒業して、たとえばトヨタに入る。だけど所詮、社長にはなれない。そこで労働組合に行く。労働組合で目立つと、今度は少なくとも平取くらいにはなれるかもしれない。それが駄目なら労組支援で政治家になるかと。それと似ているような気がします。

西部さんが行動的知識人の代表として取りあげたマルローはフランスでよりも日本で異常な人気があります。フランス文学の中では、あの人は異端児でしたから。ただ、マルローは若き日に、カンボジアに入って、バンダルスレーにある仏像を盗もうとして、実際盗んだのですが、裁判になったら、「ここは当時、フランス領で、フランスの財産であるから盗難には当たらない」という滅茶苦茶な弁護をやってもらって執行猶予になりました。

晩年、ド・ゴール政権の文化相になったのは出世主義そのものです。最晩年には、

バングラデシュ独立戦争に義勇軍を出したり、自ら義勇軍の隊長になりたいとも言い出します。

所詮、実現はしませんでしたが。七十歳を超えていたはずなのに、なぜそんなことをやるのだろうと思いましたが、晩年のマルローと親しくつき合った竹本忠雄氏と村松剛氏が対談されたおりに、マルロー伝を書いた村松さんが、「たぶんあれは三島由紀夫に対する嫉妬《しっと》だ」と言っていました。最初は三島がマルローに憧れ、最後はマルローが三島に憧れたのです。

「精神における負けっぷり」に反抗したい衝動　【西部】

吉田茂の有名な台詞に「負けっぷりを良くしよう」というのがあります。元は終戦時の首相、鈴木貫太郎からのアドバイスだと言われていますが、確かに僕ら少年が見た戦後の風景というのは、本当に負けっぷりが良かった。僕の中にはそれに対する強い違和感がありました。

後知恵で整理すると、なるほど将棋のようにルールが厳格なところで負けたのであれば、それは負けっぷりを良くして「負けました」でおしまいでしょう。しかし、あの当時あった戦争は総力戦です。国際条約はあってなきがごとくで、具体例で言えば、日本軍も相当殺したようだけども、アメリカだって日本の非戦闘員を全部で九十万人くらい焼き殺しているわけです。そういうところで負けっぷりを良くしようとは一体どういうことなのか、という感覚が子供心にもあったようです。

日本人はあまりにも負けっぷりが良かった。良すぎました。といっても、北海道の田舎まで行くと、戦勝国であり、占領者、支配者であるアメリカが我々の目の前に立ったわけではありません。むしろアメリカ的なるものといえば、言葉です。「自由主義」「民主主義」「平和主義」「人間主義」などという言葉、アメリカお墨付きの言葉が次々と吐かれているという感じでの「精神における負けっぷり」、これに刃向かいたいという感覚が徐々に自分の中に生まれたのかなと思う。これはかなり後追いではあるのですが、そういうことだったような気がします。

だから僕は、小学校、中学校、高校と、「民主主義」という言葉を極度に嫌っていました。僕は一度も転向していないのです。今も民主主義は僕の敵ですから。小学校一年以来、民主主義は僕の敵である。あえて弁護すると、「民主主義」という言葉は、本当は戦前からありました。ただ、こんなふうにばらまかれることについては、違和感よりも嫌悪感が先に立ちます。憤怒とまでは言いませんが。

僕は自治会選挙で共産党の代表候補をたぶらかしただけでなく、その他いくつも詐欺行為をやりました。自己弁護と聞こえるでしょうが、自分の中で、「民主主義的なルールはどうでもいいや」という思い、百パーセントではないものの、「形骸化した紋切り型の民主主義の手続きなんかには敬意を払うわけにはいかないぞ」という思いがありました。それが僕の場合は、いわゆる旧左翼との決定的な違いだったのです。

振り返ると、「民主か独裁か」というスローガンがぱっと出てきて、朝日新聞も何新聞もウワーッとなった時には、「何ということだろう。俺は反民主主義的存在なのに、民主主義のためになんか闘う気はないぜ」という、強い精神的な孤立感がありました。

　清水幾太郎《いくたろう》さんが、あとあと「全学連の運動は反米の民族主義運動であった」と総括されています。僕はそれを全面的に否定はしないけれども、もう少し腑分けして考えると、反米などという強い意識は何もありませんでした。あったのは、アメリカ的なるものに自分から進んで屈従していく、あるいは屈従しているように見える日本人どもが気に入らないという感覚です。レッテルとして言うと、反・親米、親米に反対するという感じ。これは子供の時から今に至るまで、ニュアンスはいろいろと変わっても、ずっと一貫しています。

　不思議なことで、我々はよく戦後の「世界」と言ってきましたが、僕らの時代の「世界」というのは、実はソ連も中国もあることは知っているけど、僕らにとっては何の存在感もなくて、「世界」と言えばアメリカでした。

　そういう意味では、アメリカ的なものの世界の中にみんなして唯々諾々と、しかもどこか本心でもないのに屈服していくという精神状態が気に入らなくて、大げさに言うと、世界から脱出したいと感じていました。マルローに引っかけて言えば、ヨーロッパから脱出してカンボジアに行ってみたいというのと似たようなものです。アメリカ的な雰囲気の中から脱出してどこかに行ってみたいが、カンボジアに行くほどのオ覚もルートも何もないものだから、国内にいて世界から脱出するためにはひとまず暴れてみるしかなかったというのが、十九、二十歳のガキであった僕の考えたこと、感じたことなんだろうなと、後追いで考えているわけです。でもそれは、僕にとってはかなり重要なことです。

おそらく僕のような感覚は、全学連の運動をやっていた多くの学生たちに、強かれ弱かれ、共有されていたと思います。ところが、そういう共有されたものすら、その後に続いた高度成長の中にたちどころに吸収され、蒸発させられてしまいました。あるいは、戦後日本社会の巨大な大衆化の波の中で、そういった感情的なものもどんどん薄められて、要するに大衆社会のファッションやテクノロジーやマネーといったものの中に感情が吸い取られてしまったのです。

貧弱な武器しかなかった戦後日本の「革命」　【宮崎】

「民主」という言葉はそもそも共産党の用語です。アメリカも民主と言いましたが、これは多数決原理のデモクラシーの話で、共産党が使う民主は政治上のプロパガンダ用語にすぎません。しかし、戦前から日本にあった民主主義は、つまりは秩序破壊であり下剋上です。誤解を恐れずに言えば、民主主義とは下剋上のことです。

かねて疑問に思っていたことで、六〇年安保、七〇年安保を通じてそうなのですが、世の中にあれほど過激派がはびこったにもかかわらず、しかもソ連と中国の指導と資金を得ながら、なぜか日本だけは外国から武器を得ていません。他の国は全部、革命には武器が伴ってきているのに、日本だけが武器を峻拒しています。中国など、完全にソ連の兵器で政権を取ったようなものです。北朝鮮もそうです。中核派と革マル派が大戦争をやった時も、武器といっても、せいぜい自分たちで開発したペンシル型ロケットくらいのものでした。それはなぜだろうかという疑問があります。秀吉の刀狩り以来、日本国民は武器を持ったことがないから、その影響なのかもしれませんが。

幕末・維新と比較すると、幕末・維新でも外国の介入がありました。あれは外国の代理戦争という側面があります。武器は山のように外国から来ているけれども、ではなぜ徳川が負けたかというと、徳川はフランスを頼ったのに対し、薩長はイギリスを頼ったからです。あの頃、産業革命による技術革新が起きた結果、イギリスの武器のほうがはるかに優れたものになって、だから薩長が勝ったとも言えるのです。

では、徳川はなぜ遅れたフランスに頼ったのか。それはやはりナポレオン皇帝の存在があって、皇帝と疑似の体制が徳川幕藩体制だという誤った認識で、徳川方はフランスのほうがいいと思って頼ったのでしょう。しかし、イギリスは産業革命の後だから、考え方が革新的でした。

「命が大事」で動物レベルに堕《お》ちた日本人

【西部】

あの戦争の大敗北で、日本民族は度肝を抜かれて、僕らは腰の抜けた世代の子供たちとして生まれ育ってきました。そういう状況の中で、何よりも命が大事であるという生命尊重が第一価値として設定されてきました。普通の平和主義者たちは生命を守ろうとしますが、過激派もまた、お互いの生命を傷つけながらも、相手の一番大事な命を傷つけたということで勝利を謳ったり、命を取られたからということで敗北に沈んだりするという点で、どちらも生命にすがるという意味では、僕に言わせればほとんど獣《けだもの》に近い。そういうところまで、日本人はたちどころに落ち込んでしまいました。だから、変なところに生まれてきてしまったなという感覚が自分にはあります。

もっと長い歴史で言うと、日本列島は、雨も降れば、日光も照り、東南アジアほどではないまでも、豊かなモンスーン地帯の外れに位置して、我々日本人は生命賛歌の風土の中でずっと生きてきました。生命が繁殖する土地柄ですから、それこそ宗教も含めて、生命を超えた以上の何かがあるという価値観、価値への希求が非常に乏しいという歴史が、戦前、そして戦中もあったのかもしれません。あの大東亜戦争の雄々しき生命の犠牲は、日本の歴史の中ではごく特殊な事例であって、それ以外は延々と「命あっての物種」「死んで花実が咲くものか」という、その程度のことが民族を支えてきました。そういうことが、武器や兵器の峻拒につながっているのかもしれません。

敗戦の時、僕は小学校一年ですから、自信を持っては言えないのですが、たとえば戦争になって、特攻隊に誰が志願するかとなったら、たぶん僕は志願したと思います。と同時に、もしもあの時に女房、子供を抱えて逃げまどっていたら、早く戦争終わってくれ、天皇でも何でもいいからさっさと白旗を掲げてくれと思ったのではないか、という気もします。

それがおかしいということではなくて、どんな国民も両面性があってしかるべきなのです。特攻隊で死んでやろう、でも残してきた女房、子供を考えたら死にたくない。逆に言って、女房、子供のことを考えたら死にたくないけど、かくかくの事情では死なざるを得ない。机上の計算をやれば、おそらくこの心理ゲームは絶対に決着がつきません。その決着は状況次第なのです。

人間とはそういうものだということを、日本人は訓練してこなかったのではないでしょうか。自分の中でパブリック・マインドとプライベート・マインドがせめぎ合っていて、非常に危ない拮抗《きっこう》状態にあると。それゆえ普段から、こういう状況ならこっちを選ぶ、ああいう状況ならあっちを選ぶという思考の訓練、感情の訓練をしないままに、ぼうっと生きてきてしまいました。そういう意味では、日本列島は非常に幸せな場所であったと言えます。アフガンでもアラブでもいいけど、ああいうところのように年がら年中殺し合いをやっていれば、日本民族ももう少し鍛えられたのですが、日本民族はめったに殺し合いをやりませんでした。国内の殺し合いだってほんのわずかですから。

大東亜戦争以後、大きな価値観の転倒が起きた　【宮崎】

終戦直後の国民の心境に関しては、私は分からない。だって戦後生まれですから。ともかく日本の歴史上、実際の戦争で死んだのは関ヶ原で二～三万人ぐらい。その後の落ち武者狩りで数万人ですか。戊辰戦争も戦死者は三万人弱。

日清、日露戦争まではよかったのです。まだ武士のせがれどもの世代だから。ところが、大東亜戦争になると、世代交代もあり、武士階級の孫じゃなくて、ひ孫くらいになる。価値観というのはそこでかなり転倒していますよね。まして大正時代に白樺文学とか何とか、武者小路実篤《さねあつ》とか入ってきて、あれは、従来の日本人の価値観にはないグローバルな思想です。

岸路線は正しかったが、戦争の総括は？

【西部】

安倍晋三さんが首相になる時に書かれた『美しい国へ』（文春新書）という本の中で、小さな孫であった晋三さんに、おじいさんの信介さんが「安保条約というのは、日本をアメリカに守ってもらうための条約だ。なんでみんな反対するのかわからないよ」と言っていた、とお孫さんが書いていました。

先ほどの吉田茂の「負けっぷりを良くしよう」という台詞は、かなり変な民族の代表的な言葉だなと思いますけど、同時に「アメリカに守ってもらう」と言ってしまった岸首相はどうなのか。

一九五一年の旧安保条約は、日本が一方的にアメリカの言う通りに協力するという内容で、これではいかにも片務的であり、アメリカにだって義務はあるので、日本が危殆《きたい》に瀕したら日本を守る義務がある＊——これが安保改定の考え方です。それ自体はイコール・パートナーシップへの一歩ですから、国民として、国家として、反対すべきことではないというのは、僕は後追いで分かりました。

しかしながら、考えてみたら、「アメリカに守ってもらう」という発想が、岸さんにすらあったということは、後追いで言えばかなりの大問題ではないでしょうか。自主防衛論は与党、野党問わずあったとは言うものの、「アメリカの基地はできるだけ早めになくなってもらいたい。その代わり日本は一人前の軍隊をつくってみせる。そうでなければこの国際社会の政治力学の中で国家たり得ない」という長期的な戦略、目論見、あるいは願望でもいいですが、そういうものは、あの当時は岸さんにすら乏しかったのだということになります。

最近、NHKその他が「白洲次郎カムバック」みたいなことをやっているようです。僕が白洲次郎という人が許し難い人だなと思うのは、彼の有名な台詞で、今の日本人がもてはやしている言葉、「誰がつくろうが、いいものはいい」、についてそう思うのです。アメリカの憲法草案の翻訳における管理者の白洲次郎が述懐した言葉ですが、ということは、今の九条問題で言えば、非武装中立はいいと白洲次郎は思っていたということです。

ということは、お友達の吉田茂も全くその通りで、彼らの場合は、単に軍事費を使うと経済復興が遅れるという戦術的判断で憲法を改正しなかったというのではありません。それだけではなくて、僕はもっと深いところに理由があったと見ています、吉田茂でいえば、所詮、大久保利通のお孫さんに当たる人を嫁にもらって、天皇の重臣の末席に名を連ねることができた、その意味で自分は普通の日本人とは違う、雲上人につながっているのだ、という優越意識が透けて見えます。それにプラスして彼は外交官です。外交官の全部を莫迦にしているわけではないですが、外交官というのは、それをやっているうちに半分以上日本人ではなくなってしまい、いつも外国の目で日本を見ているようなところがあります。

そういう意味では、存在の仕方として普通の日本人ではない疑似雲上人、疑似外国人が日本の首相として降り立ったということですから、その人たちが日本の自主防衛のために本気で何かをやろうとする気力も考えもなかったのは、ある意味当然です。その結果として、憲法改正をサボタージュしたのだろうと僕は思っているのです。

ただ、あの当時はまだ許せるとしても、僕に言わせると、今や日本人のほとんどが日本人ではないのです。ほとんどが疑似日本人にすぎなくなってしまいました。

吉田茂の後を襲った鳩山一郎は保守本流に属していました。にもかかわらず、おか

＊日本を守る義務
新安保条約は「各締約国は、日本国の施政の下にある領域における、いずれか一方に対する武力攻撃が、自国の平和及び安全を危うくするものであることを認め、自国の憲法上の規定及び手続に従って共通の危険に対処するように行動することを宣言する」（第五条）と定めて、アメリカに日本を守る義務があることを明確にした。

しくなってしまった。アメリカ対ソ連ということで、日本がアメリカの単なる軍事基地に位置づけられることは肯《がえ》んぜられない、と。そうなると、冷戦構造の中では、ソ連と少し仲良くすることによって、アメリカの軛《くびき》から脱しようと試みるようになります。

しかし考えてみたら、これもやはり、結局は冷戦構造の中で振り回されているだけのことです。日本人として自立的、自発的に、米ソというとんでもない巨大なモンスターみたいな国同士の争いの中から、時間をかけて抜け出して、日本独自の自主的な路線を歩みだそうなどという動きは、戦後の保守の、本流であろうが傍流であろうが、実はどこにもなかったということになるのです。そういう意味で、僕は本当に日本人は敗戦劣等民族だなと思う。「劣等」と言うと角が立つから、日本列島の列島を使って「列島民族」と書いていますが。

もう一点、肝心の安保改定についての岸信介さんのことですが、岸さんがお亡くなりになった時、僕はたまたま中国の雲南省昆明にいました。ちょっと眠れなくなって、朝方フロントに降りていったら英字新聞が放り込まれていて、「岸信介死す」の訃報に接しました。帰国して確か『中央公論』に、六〇年安保をやった人間として、岸信介さんについて一文、物してくれと言われました。

その時、正直に自分たちが間違っていたと認めました。少なくとも相対比較においいて岸信介さんの安保改定のほうが正しかったということは、その弔辞の中できちっと認めました。但し、一つだけ、このことは書いておいたのです。

それをいま膨らまして言うと、あの戦争に関して、岸さんたちはどう思うのかということをはっきりさせてほしかった。僕は反省なんかしてもらいたくない。でも、たとえば東條英機さんは、勝手にA級戦犯にさせられて、東京裁判で延々と日本の正義を訴えて縛り首にあっていきました。別に東條英機さんと同じことを言ってほしいということでもないけれども、自分として戦争の現場にいた、しかも彼は最後は商工大臣でした。そういう者として、あの大東亜戦争は日本民族にとってどういうことであったのか、プラスマイナス全部含めてきちんと総括してほしかった。左翼用語になった「総括」という言葉はあまり使いたくないのですが。

大東亜戦争に対する謝罪だ、反省だということが戦後左翼を席巻していったわけで、それと闘おうとするのならば、岸信介さん個人というよりも、岸信介さんが代表する本当の保守本流の勢力が、あの大東亜戦争についてほとんど一言もなかったというのは、やはり問題だなと思っています。そういうことを、弔辞の中でほんのちらっと書いておきました。

吉田茂路線の致命的な誤り　【宮崎】

　戦後の政治史を書いた、たとえば戸川猪佐武《いさむ》がそうなのですが、「吉田学校」とか「保守本流」とか言い出しました。しかし吉田茂は保守本流ではありません。思想的には保守傍流なのです。ところが、議席数が多いから、議席数が多いことが本流であるとすれば、彼は間違いなく本流ということになりますが、むしろ鳩山一郎のほうが本流です。そういう意味では言葉の定義をみんな間違えています。

　岸さんの前に、日本のあり方をねじまげたのは、結果的に、やはり吉田茂でしょう。吉田茂が、あの憲法を改正する機会が山のようにあって、国民の大半も憲法改正は当然だと思っているのに、それを先送りしてしまいました。アメリカに押し付けられるまで保安隊さえ持たないということをやってのけた人です。そのことが、結局は心の傷というのか、再出発のそもそもの間違いになってしまって、それが今日まで続いています。一九六〇年の新安保条約、つまり安保改定で日米はより対等になったといってもまだ片務性が残っているのに、いまだに改定されないという不思議さも、そこらあたりに理由があると言えそうです。

大東亜戦争の総括について言うと、確かにそれは問題なのです。占領中の言論の不自由という問題があります。一九五二年まではＧＨＱ（連合国軍総司令部）の検閲があって、日本人は思ったとおりのことを言えない状況があり、その後、保守がヨロヨロと回復に手間取っている間に、論壇は完全に左翼が握ってしまいました。大東亜戦争を正しく評価しようというのは、一九六三年に発表された林房雄の『大東亜戦争肯定論』まで表立った動きはありません。

丸山眞男が全盛を極めており、清水幾太郎の転向は一九七〇年代でした。

財界人らは革命を恐れて震え上がった

【西部】

僕は随分遅れて、ある新聞社の、産経新聞社ですが、秘密の議事録を見せられたことがあるのです。おそらく一九八〇年代だったと思う。

それは一九五八年頃から六〇年にかけての話で、財界の大立て者たち、櫻田武、水野成夫、永野重雄、小林中《あたる》といった「財界四天王」と言われていた人たちが、産経新聞社に陣取って、六〇年に共産主義革命が起こる恐れがあるということで頻繁に会っているのです。

その議事録の中で、僕の覚えている限りでは、田中清玄さんの名前が二回か三回、出てきました。百万円ぐらいだったと思いますけど、「百万円渡しておいた」という記述が議事録にありました。百万円と言えば、今の価値で一千万円くらいでしょうか。それは全学連対策です。僕が田中清玄さんと会ったのは随分後のことです。当時は会っていなかったし、知りませんでした。全学連に金が少々流れたということも知りませんでした。全学連であの時、金を扱っていたのは、あとあと僕の親友の一人になる早稲田二文（第二文学部）の東原《とうはら》吉伸でした。彼は仲間の保釈金を調達するために、ほかにどんな手立てもなかったので、清玄の金を導き入れたのです。

それはどうでもいいのですが、僕が驚いたのは、日本のいわゆる体制派の中心人物たちは、あの程度のことで革命を恐怖していたのかということです。そこの解釈を宮崎さんに教えてほしいと思う。一つは、フランス革命であろうがロシア革命であろうが、たかだかその程度の、考えてみればわけの分からない騒ぎが広がって、次々と騒ぎが騒ぎを生み出して、気がついたら革命になっていたという解釈。革命というのはそういうものであって、財界親分衆が革命を真剣に心配したのは、それがリアリズムなのかどうか。あるいは同じことかもしれませんが、体制というのは実は強いように見えるけれども、実にもろいもので、もろいというのは実力のみならず判断力、予測力においてもろいものであって、たとえば僕ごとき人間がキャンキャンやっているだけで、それが革命の恐怖として映じるほど、体制側というのは自信のない弱いものなのか。そんなふうにいろいろ考えさせられたところです。

戦後日本は、アメリカ占領軍の下でつくられた国家ということのせいでしょうが、おもちゃのように非常にもろいものだということを痛感します。まさしく今現在がそうです。たとえば自民党。長期単独政権と言われたものが一挙に崩れていく。

やや脱線気味ですが、学生運動をやっていてよかったなと思うのは、ほんの少々ですが、自分たちの組織が半年の間に一挙にゼロに帰してしまうのを目の当たりにできたことです。しかもその間、客観的にゼロになるのではなくて、それに参加していた人間たちのほとんどすべてが人格崩壊を起こすようにしてゼロになっていく。

それを目の当たりにした僕として言うと、おそらくスケールは違うけれども、今の自民党においても同じことが起こっているのだろうと思う。多くの人間が臆病風に吹かれ、卑怯心に流れ、その他もろもろのことで崩れていく。まああの人物であった奴が半年後にはほとんど人格的にもボロと化してしまう。おそらく、今の民主党であろうが何であろうが、何年後か知りませんけど、似たような形でまたボロになっていくのだろう、と。

こう考えていくと、宮崎さんの答えを勝手に忖度《そんたく》すると、ちゃんとした武器を持たない、暴力の訓練を経ない、暴力を防ぐ手立ても知らない、そういう人たちがつくっている体制とか、それに逆らっている反体制というのは、紙あるいはマッチ箱でできたようなものなのだ、ということになるでしょう。そういう意味では、戦後日本というものの本当の怪しさを、今にして思えば、僕は目の当たりにしたのだなという気はします。

あの当時、福田恆存《つねあり》さんが六〇年安保騒ぎに対して「常識に還《かえ》れ」と言って、たぶん六月か七月に書かれた論考を、半年後か翌年に入ってからかもしれませんが、僕は一足遅れて読みました。うろ覚えながら言うと、あそこで書かれているのは現実主義、現実を押さえろということです。それを僕なりに少し膨らまして言うと、日本は冷戦構造の中に置かれて、アメリカと離れてなんだかんだできるような現実の基盤はどこにもないではないか、そのことを少しも踏まえずに安保を論じても意味はないではないか、という現実主義の大切さを言ったのが、福田さんの『常識に還れ』でした。

僕は、その限りで言えば、百パーセント正しいと認めます。ただ、それからずっと気になっていることがあって、つまり福田先生自体は一貫した現実主義者であったわけではないのです。それどころか、彼の最初のエッセー集がそうであったように、戦後日本人は理想的人間像というものを持たなければ自立できないと訴え続けた人でもあるわけです。簡単に要約すれば、理想と現実の間で、いかに状況の中でバランスを取るかというのが、福田先生がおっしゃらんとした保守の平衡感覚というものです。そういえば福田先生が戦後すぐ出されたエッセー集のタイトルは「平衡感覚」でした。

僕がここで言いたいのはこういうことです。あの後、たとえば吉田茂を論じた人でいうと、猪木正道さんも高坂正堯《まさたか》さんも、吉田茂における現実主義を高く評価するというのがその趣旨です。それを僕は認めないわけではない。現実を忘れ、理想に溺れて舞い上がる、そんな莫迦な左翼過激派気分は、二十二歳の誕生日とともに僕から消え失せましたけど、あるいは元々なかったのだけど、しかしながら、それ以後の戦後の保守が、現実のみを訴えて事足れりというのは、これは国防論にも関係してきますが、僕はかなり問題であると思う。あの冷戦構造というがんじがらめの中でも一縷《いちる》の望みを希望として持って、いかに日本が自主独立するか、いかに自前の軍隊を持つかという主張は、左翼からは一ミリも出てくるわけはないが、いわゆる保守陣営、反左翼陣営からもほとんど出てこなかったのです。

日本の「革命」は、リフォームの類《たぐい》である　【宮崎】

日本の「革命」という言葉は、極めて無造作に使われていると思う。革命とは、流血を伴う暴力革命が本流であって、それ以外の革命はリフォームの類《たぐい》でしょう。そのへんのゼネコンでもやれるようなことです。

ちょうど福田恆存全集が復刊で出ていて、そのなかに『一匹と九十九匹と』という小論があります。あれなどを読むと、まさしく西部さんご指摘の理想主義です。福田さんも戦後一貫して保守というわけではなくて、大枠は保守だとしても、かなりのブレがあったと思います。やはりそれは、敗戦の混乱というものが大きかったでしょう。

振り返ってみると、昭和二十年代の論争などは、「政治と文学」のように、現実から少々かけ離れた抽象的な論争をしています。今は「政治と文学」など誰も論じません。そういう議論自体が不毛であると知っているからです。

福田恆存全集（麗澤大学出版会版、第三集）には次のような箴言がならんでいます。

「人間社会から戦争は永遠に消えてなくならないでしょう。同時に、平和も、平和を望む気持ちも永遠に存続するでしょう。平和論者は、あらゆる進歩主義者の陥りがちな錯覚ではありますが、平和を望んでいるのは自分たちだけだとおもっています。或いは、戦争の悪に気づき、それを防いで平和を招集しようとする試みは、二十世紀後半にのみあらわれた新運動だとおもっています。なるほど、昔は署名運動などといふものはなかった。組織的、相関的な運動は第二次大戦後、はじめて起こったものです。しかし、それは世界が組織的、相関的になったからというだけの話に過ぎません」

そして福田恆存さんは、こうも言い残しています。

「国内の心理的な、法律的な、一言で言えば平時のごたごたは、私たちに精神の自主性を要求する。それに反して戦争となると、それをいっさい抛擲《ほうてき》してしまふことができる。つまり最も激しい我の主張の場である戦場では、我を捨て去ることが出来る。自我の曖昧な日本の民衆は、とかくそういうふうに傾きやすい」

第3章　日本人に染み付いた平和主義

経済繁栄による社会の劇的な変化　【宮崎】

六〇年安保騒動は左翼の仕掛けた「革命」が不発に終わって、今度は七〇年安保決戦だなどと妙なことが言われ出したのは、新安保条約が自動延長で一年ごとに更新していき、十年後に見直そうという合意があって、それで次は七〇年安保決戦が叫ばれ始めていたのです。七〇年にこそは革命が起きる、と。

しかし、一九六〇年から七〇年の間の時代的変化にはすごいものがあり、革命側も保守側も予期していない事態が次々と起こりました。

一つには経済繁栄です。高度成長、東京オリンピック、新幹線ときて大阪万博。この十年間に農村から都会へ就職で出てきたのがだいたい一千百万人ぐらいいます。これで日本がまず変わります。大家族が核家族になり、多くの子供を産むという風潮が一人、二人になっていく。一方において所得が大きく上がります。ただ、物価もそれなりに上がったから、生活のゆとりは逆にあまりないのかもしれません。むしろ精神的ゆとりを失ってしまいました。七〇年安保に至る前の雰囲気は、日々激甚に変わる経済の変化が基軸にあって、上昇気流に乗った感覚が、現実には所得の拡大に裏打ちされていました。悲壮な革命志向は、五輪、新幹線、万博が吹き飛ばした。

七〇年安保では、六〇年全学連の残留組が指導層に残っていたことが非常に大きな問題でした。それで新左翼は三派（中核派、再建ブント、社青同解放派）に分かれてしまいます。そういう意味で、旧世代の六〇年安保の指導者が理論的指導者として残ったことも、後で見るように七〇年安保を非常にいびつなものにしたと言えます。なぜなら経済繁栄により、日本の心理が変わったからです。革命を望まない時代になっていた。

この思想状況をさらにややこしくしたのが、冷戦構造から派生してきたベトナム戦争です。アメリカで「ベトコン、やっつけろ」という声がいつの間にか逆転して、ベトナム反戦運動になっていきます。それによってアメリカのリベラリズムが、全然違う形のリベラル、つまり左翼になり、それが日本に輸入されて左翼陣営を分裂させてしまう。

国民の多くは、生活の安定を志向するという〝生活保守〟に埋没していたというわけで、一方においてみんな体制内保守化しているにもかかわらず、思想だけは突拍子もなく左の残像を追いかけていた、という時代的特徴があります。

「大衆社会」を前に批判精神を失った戦後知識人

【西部】

いま宮崎さんがおっしゃった前半部分のことで、僕はどうしても主張しておきたいことがあります。高度成長の中での物質文明の繁栄を、僕はある段階から、「大衆社会（マス・ソサエティー）」として捉えなければならないと痛切に思ったのです。書き始めたのは随分遅れて、一九八〇年ぐらいからですが、その十年前から強く思っていました。これは大問題で、民主主義とも関係あることです。

英語のマスは、もともとは大量という価値中立的な、客観的な意味合いであったのに、人間とか社会に適用されたときのマスは、明らかに価値観を含んだ言葉です。ざっくり言えば、先ほどの現実・理想と関係してくるけれども、現状に対する批評精神、あるいは現状を解釈する努力、批評する努力をほとんど一切失って現状に自己満悦する人々、言い換えると、現在の自分自身に満悦を覚えて自己批評の精神も何もなくなった人々を「大衆」と呼んでいます。いろいろな大衆論がありますが、いくら金持ちであろうが、いくら社会的ステータスが高かろうが、そういう批評精神を失った者を大衆と呼ぶというのが、大衆論の基本的な流れです。そういう意味での大衆社会現象が、もう六〇年安保の頃から起こり始めていて、誰もが無自覚のうちにそれが最高のうねりに達して七〇年代に入っていくのだと思います。

戦後知識人の罪は山ほどあります。福田恆存が「自分の唯一最大の敵は、実は戦後の知識人なのである」と言ったように。実は僕も、別に福田先生の驥尾《きび》に付そうということではなくて、僕なりのルートを経て本当にそう思うのです。本当は政治のことはどうでもよくて、経済のこともどうでもよくて、もっと言うと安保のこともどうでもいい。どうでもいいという意味は、たかだかてめえは一介の知識人にすぎんという自己認識があるからです。そうであっても、知識人の端くれとして、自分のいる分野の〝知識人ども〟が、この巨大な大衆社会現象に対して、その流れに乗ってしまっているということについては、もう如何ともしがたく、それに対する嫌悪感なり批判精神を失ったら自分が何のために書いたり喋ったりしているか分からないというぐらい、かなり切実な思いがあるのです。

いずれにせよ、民主主義が大衆主義へと変質、高度化していくことについての言論認識における批判精神が見事になくなってしまった。僕は、そこで全共闘運動というものも出てくるのかなという気もしています。

「ノンセクト・ラジカル」の登場から七〇年安保へ　【宮崎】

　批判精神がなくなったのは、口では何かを言いながらも、実は物質的に満ち足りているという状況が背景にあります。一九六〇年代の中盤くらいからそういう現象が起きてきました。映画も娯楽に徹するようになり、文学はポルノ化の先走りで、日常生活のバリエーションを克明に書いて、たとえば国家とか民族とかの大きなことがテーマになりません。そういう意味で、だんだんと高度成長の裏側にある腐臭、腐乱のようなものが表に出てきました。人間の腐敗と言うこともできます。この時代を背景にブームを作り出した松本清張の諸作を振り返っても、カタクルシイ学生運動よりも、モウカル話への野心、セックスへの直線的欲望が日常生活に絡みついてくる。

　学生運動では、組織の固い紐帯《ちゅうたい》がなくて、ただ熱中できればいい、その場が楽しめればいいという「ノンセクト・ラジカル」が登場してきます。真面目じゃない、と言ったらそれこそ殴られるかもしれませんけど、組織に属したくないのが彼らの特徴です。一方において、新左翼の三派全学連は理論的な衝突を繰り返してきたので、こちらのほうが真剣です。真剣と不真面目派とがみんなで合同して、七〇年安保まで持って行けるかというのが六五年くらいから始まっている動きですが、だいたい六八年でピークを打っていると見ていいでしょう。

三島由紀夫が檄文のなかに書いた一九六九年十月二十一日の国際反戦デーは、その流れのなかでは徒花《あだばな》に終わりました。もう一度振り返ると、ベトナム戦争の反戦運動があって、一九六六年に「べ平連（ベトナムに平和を—市民連合）」が出てきますが、市民連合とか称しているけれど、とても組織の連合とは言えません。実態は組織でも何でもなくて、気分的なつながりにすぎない。新宿駅西口地下広場で、ギターを持ってきて、フォークソングを歌って、それが反戦運動だと言うのですから、お笑いと言えばお笑いのたぐいです。

その当時、泰平時代に革命ごっこをやっているなという認識がありました。私は六五年に大学入学ですが、入学した年の暮れから早大では「学費値上げ反対！」でピケを張って全学ストに入るのです。表向きはみんな学費値上げ反対だから、全校生徒のうち七割くらいはストに賛成してしまいます。ところが、集会は左翼の政治宣伝の場で、実際には党派拡大闘争をやっていた。

党派が違ったり、スト破りがあったりすると、彼らは角材に五寸釘を打ったものを武器にして戦っていました。ソ連から武器は入ってきませんから、その程度のものです。それでも下手したら死にますし、何人もが瀕死の重傷を負っていました。それを目の前で見ていて、それまで私は完全なノンポリで、田舎から出てきた右も左も分からない学生でしたが、やがて社会が社会主義から共産主義に移行するであろうという歴史進歩論を信じていたほど愚昧《ぐまい》でもあったので、学生同士が殺し合うのを見て、これは全然違うじゃないか、そこでやっと目覚めるわけです。ですから、私は政治への目覚めがものすごく遅いのです。

今から後知恵で振り返ると、日本人は批判精神をなくして、一方で生命だけの価値観がワーッと浮上してきて、人生観も変われば死生観も変わります。その中にあって大学生は、東京に集中するとみんな孤独に陥って、孤独だけども連帯を求めたいから、イデオロギー的確信でも何でもなくて、ただ横のつながりだけで、友達がやっているからということで学生運動に行く。そして、あの時代はまだ辛うじて道徳のかけらみたいなもの——婚前交渉はいけないとか同棲は不道徳だとか——が生きていたのが、全共闘とともに一気に解放されてしまいます。日本中が解放区になりました。やはりこの社会の退嬰化というのも大きな変化だろうと思います。

六七年は、佐藤栄作首相の南ベトナム訪問阻止で大騒ぎになります。羽田空港で学生も一人死んでいますが、機動隊のほうも何人も殺されたり、大怪我をして大変でした。翌年一月は、米原子力空母「エンタープライズ」が佐世保港に来るから実力で阻止すると、これも大騒ぎになりました。どうやって実力で阻止するのか、今のイスラムのジハード（聖戦）のように、ボートに爆弾でも積んで体当たりするのかと思っていたら、何のことはない街頭を行進しているだけです。それで「エンプラ阻止闘争に成功した」とか機関紙を見ると書いてあって、「次にこのエネルギーを成田闘争へ」というように、政治的プロパガンダで自己満足するだけの運動になっていくわけです。彼らは本気で「革命へ」と言っていたのだから驚きます。今でも言っているようですが。

六八年から六九年は東大安田講堂事件。学生たちは、何日でも籠城して、機動隊と決死で戦うと言っていました。あの時、三島由紀夫が言っていました。決死で戦うというのがもし政治であるとすれば、安田講堂で学生は誰も死ななかったではないか、と。三派全学連は欺瞞的であると。

こう見てくると、あの頃は一年一年状況が変わっていって、一年一年悪化していきました。六九年一月に機動隊の圧倒的力の下に左が封殺されてしまうと、それ以後彼らは党派の中に閉じこもって、今度はやることがなくて内ゲバを始めます。要するに殺人です。十二名の仲間を殺害した連合赤軍事件も凄惨《せいさん》ですが、百人以上が殺し合った中核派と革マル派のリンチも非常に凄惨です。

その当時私が思ったのは、タケシふうに言うと、「内ゲバは天下を取ってから始めるのが常識だろ」ということです。レーニンもスターリンも天下を取るまではニコニコ仲良くしていて、毛沢東だって天下を取るまでは国民党を何度も騙して国共合作もやっています。毛沢東が政権を取るまでの中国には、信じられないことですが、七派の民主団体があって、全部競合していました。人民共和国成立宣言まではそれらが共存していて、毛が天下を取ると、今度は独裁の権力を掌握するために、他の派をひねり潰《つぶ》していく党派闘争があって、内ゲバがあって、それが完成して圧倒的権力が生まれるのです。ところが、日本の全学連や左翼は権力も取れないうちから内ゲバをやる。ニヒリズムなのか何なのか、ここがよく分からないところです。

日本人の骨がらみに染み付いた平和主義　【西部】

僕は別に左翼過激派なり全共闘運動なりに同情して言うのではなくて、客観的、物理的説明として言うと、僕らの際は、笑うべきことに武器は石ころでした。それが五寸釘の付いた角材になって、次は本当なら爆弾のはずです。その爆弾への一歩はすごく距離がありました。

どうして爆弾が出てこなかったかを考えると、理論的には爆弾が出てこなければ「決死」とは言えないのだけれども、やはり客観的情勢として日本列島では爆弾が飛び交うということは起こりません。米軍は日本を占領しても、日本人が刃向かっているからといって撃つことはしませんでした。米軍は表立っては一発も撃たないのです。機動隊にしても、たまに棍棒を振り下ろすだけで、あとは盾を持って自分たちを防衛しているだけです。彼らはピストルさえ持っていません。そうすると、悲しいかな、体制側がピストル、鉄砲、爆弾を使わない限り、反体制側はそこに一歩踏み込むことができないのです。学習効果がないとも言えます。日本という国は長いこと平和主義的にやってきましたから。

十年ほど前、佐賀の西鉄バスジャック事件があって、気の狂った少年が大きな刃物を振るい、二十人ほどの乗客が何一つ抵抗せずに、数人が死傷しました。あの事件を思ったときに、もちろんそこで男性の乗客たちの臆病を言うことはできます。でも同時に、僕は考えたのです。仮にその人たちが、たとえば軍事教練を受けていたとしたら、相手がこうきたらこうやるとか、こうされたらこうよけるとか、それでくるりと回って相手を羽交い締めにするとか、そういう訓練を人生で何度か経験していたら、あっという間にあんな少年は取り押さえられたはずです。戦後日本人はそういうことを一度も経験してきませんでした。

大東亜戦争では兵隊さんたちが、太平洋とか大陸で山ほどそれをやったけれども、それが本土に持ち帰られることはありませんでした。兵隊さんたちは外国の地でそのまま滅ぼされたり、武装解除させられたりしてしまいます。そういう意味では、前に宮崎さんが言われた秀吉の刀狩りが戦後もずっと続いている。そうすると棍棒どまりということになるのでしょう。

僕は昔、十九、二十歳の頃、あるレッテルを貼られていました。

「西部はブントで最も目立つブランキストである」

ブランキストとは街頭の暴れん坊という意味ですが、僕は体が小さいからさほど暴れられなかったけど、確かに気持ちのうえではブランキストでした。自己肯定をしているのではなくて、ちゃちな少年がブランキ気取りとは今から思えば片腹痛い話なのですが、いずれにしても、日本では反左翼の側にも、ブランキも出てこなければバクーニン（無政府主義者）も出てこない。平和主義は日本人の骨がらみに染み付いてしまっています。

それ自体は、もちろんいいことだと言えないこともありません。特に女、子供のことを考えたらそうです。女たちが道を歩いたら爆弾が飛んでくるとか、子供の首が飛んだなどというのは大変なことだから、爆弾がないのはいいことです。とは言うものの、それが世界の当たり前の姿だと誤解、錯覚して、政治なり軍事なりを論じるということになると、これは大問題です。

「経済大国ナショナリズム」で危機を乗り切った　【宮崎】

二〇〇九年十一月も、私はたまたま中国にいたのですが、あるスーパーマーケットに強盗が入って、女の子を人質にして立てこもる事件がありました。数人の警官が駆けつけて来て、テレビ中継している前で、パンパンパンとピストルで十二発、犯人が死ぬまで撃っていました。私はテレビ中継を見ていて数えたのです。中国の大衆は拍手喝采です。日本であれば、まず撃つ理由は何かと問われて、マスコミの大変な批判に晒《さら》されるでしょう。ところが向こうは何でもない。それが当然です。アメリカだって、ハイジャック犯がちょっと飛行機から顔を出したら、狙撃兵がその瞬間を逃さずに撃ってそれでおしまい、一件落着となります。日本はゲバルトに対して極端に臆病というのか、暴力犯に暴力で制裁するという国際的な常識がありません。政治の本質は、世界史をつらつら見れば、まさしくゲバルト、つまり暴力です。ところが日本の場合は、政治の本質が暴力でなくなってからすでに六十四年が過ぎてしまいました。だから政治家は町内会の役員レベルという体たらくで、〝戦争〟のやり方も知らない。

もう一つ重要な問題はナショナリズムです。六〇年安保の時のナショナリズムは完全に左が握ったと見ていいと思いますが、では七〇年安保はどうかというと、自民党がオリンピックを持ち込み、万博を持ち込み、国に対する自信が生まれて、要するに経済大国ということです。あの時は「経済大国ナショナリズム」でした。それによって、何とかうまく七〇年安保をかわしたのです。

おかげで、経済的ナショナリズムはあるけれども、本来のナショナリズムは日本ではいまだに回復していません。ナショナリズムの発露がたまに見られるのはサッカーの試合で、若者たちが日の丸を振っていたりしますが、彼らは普段は振らない。相撲は、優勝が決まって、表彰式の際にみんなで君が代を歌うとその時だけは厳粛な気分になりますが、日常生活で国歌を歌う風景がない。つまり、日本は国家のかたちが見えない。

大衆社会の行き着く果ては精神の数量化　【西部】

日本人は、技術や金銭などの計算可能なもの、しかも計算するために形式化することが可能なものを経済だと考えます。今や大衆社会のビジネスマン、ということはほとんどすべての人が、そう思っているわけです。これをナショナリズムの問題に当てはめると、ナショナリズムを形式化、数量化して、たとえばメダルの数とか、サッカーでいえばゴールの数とか、そういうものでしかナショナリズムを表現できないということになります。全世界的に起こっている現象ではあるけれども、日本の場合は、被占領国として国民精神の心棒をイカの骨のように抜かれてしまったので、そうした現象が顕著に現れていると言えます。

これも福田恆存さんが言ったことですが、戦後日本は必死に外国に適応しようとして、しかし武力も何もない適応だから、結局、経済、つまり金銭と技術に過剰適応して、その過剰適応のおかげで経済大国になりおおせた。でも、その副産物は実にマイナスのものであって、人間の精神が数量化、形式化される。これは単にオリンピックその他の疑似ナショナリズムだけではなくて、国内の問題でも、たとえば世論調査の数字とか、選挙でいえば投票数の勘定とか、すべてが数量化されて判断されるということで、まさに大衆社会の極致の姿です。

人間であればナショナルなものは、必然的にいつまでもつきまとうものです。ナショナリズムの語源であるラテン語のナツィオは誕生、生まれという意味であり、愛国心、パトリオティズムのパトリも元は父祖の地という意味です。人間は必ずどこかの父祖の地において誕生するので、人間はナショナルなもの、あるいはパトリオティックなものが必ずつきまとうのですが、それが高度成長と大衆社会化現象の中ですべてシステム化され、数値化されてしまうという轍《わだち》に、こうまで見事にはまった民族というのはまずめったにあるものではありません。

それで自分のことを言うと、外国に二年間いて帰ってきたのが三十九か四十で、その時急に思い立って、大東亜戦争に関する戦記物を百冊ぐらい読んでみました。前にも触れましたが、読まねばならないと思ったのです。ナショナリズムでもパトリオティズムでもいいのですが、それがこの社会にはほとんどないし、それこそ触発されないわけだから、おのれの中に火種としてあるパトリオティズムを少しでも芽生えさせるためには、過去に帰って大東亜戦争を疑似体験してみるしかないということだったと思います。

その後、何かの具合でインパールの、奥地までは行きませんでしたが、入り口のマンダレーというビルマ（現ミャンマー）の町まで行ってみたり、ペリリュー島に行ってみたりしました。ごく最近は、遺族団に紛れ込んで硫黄島に行くこともしました。それぐらいしかしていませんが、過去を追体験することによってパトリオティズムの実感みたいなものを取り戻したいという一種の模擬訓練です。これは僕の場合だけど、たぶんこの社会に生まれてしまったら、いくら本を読んでもそれだけでは言葉が流れるだけで、かなり切ない努力をして過去の追体験をしなければいけないと思うのです。

僕は自分のことを言おうとしたのではなくて、問題はやはり戦後です。あの大東亜戦争は、僕に言わせれば起こるべくして起こっただけのものであって、それについて語るときに、反省と謝罪しか述べられないというのはおかしい。そうなってしまったのは、大東亜戦争という、良かれ悪しかれ大いなる出来事が、国民精神において世襲されなかったところに問題があるわけです。その原因は、日本人が占領政策の中にアメリカの予想を超えて自分で飛び込んだからでしょう。ここに投身自殺すれば、空虚だけどもしばしの幸せ感を得られると考えて。アメリカが強制したわけでもなんでもありません。みんな喜び勇んで、自分たちの頭を歴史から切断する道を選んだということなのです。

　その結果、今や戦後の日本人はほとんどサイボーグ寸前、ロボット寸前です。ボタンを押せば、あるいは電気のコードを入れればピコピコと動くという、ほとんどその寸前まで行っています。しかもそれを高度情報社会、高度ビジネス文明として、褒め称える始末です。それは知識人のせいでもありますが、日本のいわゆる政治の指導層も経済の指導層も、全部その方向を要求しているのです、知識人に。知識人がそれに刃向かわないわけです。彼らの要求通りに処方箋を書いたり説明文を書いたりして、それでもって知識だと称しているのが今の知識人です。これはもはや知識人の大量の自己抹殺にほかなりません。

歴史意識なき日本人の大量生産　【宮崎】

「ナショナリズム」は国家主義という意味になるので、世界的にもあまりいい言葉ではありません。意識せずに外国人の前でナショナリズムと言うと、向こうが誤解することがあります。愛国主義の意味では正しくは「パトリオティズム」と言わなければいけませんが、戦後の日本では、愛国というと数寄屋橋で毎日演説していた赤尾敏《びん》さんを思い出しがちです。

数値化の例で、GDPで世界第二位、一人当たり国民所得で第何位という数字がよくもてはやされますが、それがすなわちナショナリズムだという我々の自信は錯覚にすぎません。ナショナリズムが計量化できるのに対し、パトリオティズムは計量化できません。その違いがあると思います。そのパトリオティズムは、日本では定着どころかまだ回復もしていません。

占領によって日本の歴史は完全に断絶してしまいました。今のマスコミでは「太平洋戦争」の呼称が定着して、「大東亜戦争」では何のことか分かりません。これひとつだけ見てもアメリカの占領政策はすごく効いています。あの頃は、占領軍の通訳で働けば給料はいいし、貞淑な大和撫子《なでしこ》がある日突然アメリカ人相手のパンパンに変身することもありました。大衆社会では「パンパンやったほうがカネを取れるのに、あんたはなんでやらない？」というような受け止め方で、伝統的な価値の暴力的転換が起きていました。それで、いつのまにか大東亜戦争と言ってもピンと来ない世代ばかりになってしまいました。

パトリオティズムは、歴史上の英雄の物語を知らない限り、抱くことができないと思うのです。ところが、わが国の教科書にはさっぱり英雄が出てこない。これでは歴史は無味乾燥なものになって、年号の配列と暗記だけの歴史になるのも当然です。みんなが知っているのは、六四五年大化の改新とか一一九二年鎌倉幕府とか、そんなことばかり。もっと大切なこと、たとえば鎌倉幕府は誰がどういうふうに命がけでつくったかということは誰も知りません。こんなことで、この先どういうことになるのやら。みんな頭の中がロボット化して、電子計算機になっているとしか思えません。

体制保守といえば、人脈的に猪木正道、高坂正堯から来て、西部さんが先ほど言われた政治・経済の指導層が要求する通りの知識の提供を一番やってのけたのは堺屋太一でしょう。小泉政権で大活躍だった竹中平蔵とかもそうです。パッと気がついて懺《ざん》悔《げ》したのは中谷巌《いわお》先生ぐらい。少々遅かったようですが。

話を先に進めると、結局、左の革命家が本当に望んだことは七〇年安保の前に挫折して、七〇年安保では何も起きませんでした。起きたのは、赤軍派による「よど号」ハイジャックと十一月の三島由紀夫事件です。「よど号」を乗っ取ったハイジャックは一つの衝撃でした。あれは本当に命がけですから。ところが、行った先の北朝鮮でその後何年も音信不通になって、何をやっていたのかよく分かりません。陸上自衛隊市ヶ谷駐屯地で三島が割腹自殺した事件は、国民に相当の衝撃をもたらしたことは確かです。しかし半分の国民はあの衝撃の意味が分からなかった。スピリチュアルな価値観が理解できず、生命は地球より重いという信仰が幅を利かせれば、そうなるのも当然です。人間はかくも愚昧になるのですね。当時の佐藤栄作首相は「狂気の沙汰」、防衛庁長官だった中曾根康弘さんは「常軌を逸した行動」と言いましたし、いまだに「何という愚かなことをやったんだ」と思っている人が多くて、これまた絶望的な状況です。

実は、三島事件に強く衝撃を受けたのは新左翼の連中です。今まで中途半端に、いい加減遊び半分で革命ごっこをやっていたのに、生命以上の価値があるのだと見せつけられて、大きなショックを受けたのです。あの事件がきっかけで保守に転向してきた若者が夥《おびただ》しくいたことをここで報告しておきたいと思います。

連合赤軍事件と三島の死から受けた衝撃【西部】

連合赤軍事件*と三島由紀夫自決事件は、両方とももものすごいショックでした。それらに僕はものすごく感謝しているのです、とくに連合赤軍に。実を言うと、六〇年安保の時にすでに、この果てに来るのは必ず、お互いの殺し合いであると強く予感したのです。僕は街頭のブランキストもどきであったし、どこか行動的ニヒリズムの気分で生きていたので、殺し合いそのものを嫌ったわけではありません。しかし、いわれなく殺されたり、いわれなく人を殺したりするということについては、自分の心理の奥底ですごく嫌悪していました。これは本当なのです。それで僕は姿を消したというのが本当のところです。

*連合赤軍事件
連合赤軍は武装蜂起による暴力革命をめざした極左過激派。社会から孤立し、警察の捜査で次第に追い詰められていった。山岳地帯に潜伏中の一九七一年から七二年にかけて、森恒夫と永田洋子が中心になって同志十二名を次々とリンチにかけて殺害した。殺害方法も残忍で世間に強い衝撃を与えた。

それから十一年たって、その時まで僕は女房も子供もありながら、ふらふら生きていました。依然としてニヒリストで、もう何にも信じることもないし、本気でやる気はない。ただ、女房ももらってしまったし子供も生まれてしまったから、米代、ミルク代を稼いで、あとは適当に素人賭博とか酒場のくっちゃべりとかで時を過ごしていました。そういう時に連合赤軍事件が起こって、何をやっていたんだと思った。つまり、自分が十一年前に「内部における殺し合い」をかなり強く予感して、それで自分から一人になったのに、その自分の予感が目の前に現れてきてしまった。その間、そういうことについて何一つ真面目に考えずにぼうっと生きてきたことについて、僕はほとんど反省したことのない人生なんですが、あの時ばかりは深く深く反省したのです。人間ふらふら生きていたら、自分が思ったことすら忘れてしまうのだと考えて、あれから少々本を読んだり、少しずつ物を書き始めたりするようになりました。

それ以来、僕は、自慢じゃないけど、あまり大きく間違ったことはありません。というのは、もう二度と再び、大きく間違うのは嫌だと思ったものですから、物を言うとき、書くときには、いろいろなことを考えたうえで、分からないことは分からないと認めたうえで、言ったり書いたりということをやったので、大きく間違った覚えは何もありません。

三島事件が起きた時は、背筋がサーッと寒くなるような、本当にすごい衝撃でした。

最初は、時間は随分たってからだけども、こう考えました。なぜあの方は死ぬことができたのか、と。それはすぐに分かりました。つまり、生命は所詮、人間にとって精神活動を運ぶ一つのビークル、運搬機であって、生命は精神の上に来るとは考えられない。そうでなければ絶望的な矛盾にぶつかります。我々が生きているということは他の生命を山ほど食しているわけですから。そうしたら、他の生命を食しながらなぜ生命が最も大事だと言えるかとなると、論理的に言って、人間には精神があるから、その精神という資格において他の生命を食しているとしか言いようがない。そうであれば、精神が立派であるか愚劣であるか云々を議論しなければ、人間の生命が大事だとは言えないはずです。そう考えたら、ある場合には、精神の正道を守るために生命をかけなければいけないこともあるという三島さんの説は、全く非の打ち所なく正しいということが分かってきます。

次に考えたことはこうです。三島さんはどうして今こそ死ぬべきだと考えたのか、と。そう考えて、ほとんど初めてです、三島さんの著作を真剣に読み始めたのは。随分時間がかかりました。結論を言うと、最初はこうでした。特に三島さんの『文化防衛論』や『太陽と鉄』などの評論をずうっと読んでも、どうも彼の「こういう気持ちだから死んでみせる」ということが説明されているとは思わなかった。それで随分違和感を覚えたのです。もしも死ぬのなら、誰が読んでもなるほどと納得できるような思想なり状況判断なりのあげくに死んでみせるということであってほしいのに、いくら読んでも、これが死を選んだ論理立て、状況診断だとは思われなかった。

それで僕は、三島論もあれこれ読んでみました。ところが文学系統のものが多くて、それはおしなべてひどかった。つまり、あの人はマゾヒストではないかとか、聖セバスチャン信仰の自己犠牲の情念に狂ったのではないかとか、一種の精神病理学的分析めいたものを文学系統が三島論として披瀝《ひれき》していて、こんなものは全部頷《うなず》けないなと思っていたのです。

いろいろ考えたあげく辿り着いた結論はこうです。僕は依然として、三島さんの評論をほとんど全部読んで、思想評論としては出来はあまりよくないなと思っています。しかし、にもかかわらず、そんなことはどうでもよくて、どこかの段階で、人間は死すべき時が来たなと思ったら死んでしまうしかないのだ、ということでケリを付けるしかない。そう思うようになったのです。それ以来、三島さんに対して批判的なことを言ったことは僕は一度もありません。遅れに遅れて五十五歳くらいの時です、三島さんの死をほぼ全面的に認めることにしたのは。

三島のメッセージはなんだったのか　【宮崎】

一九六七年くらいから私は三島さんの付近にいて、その時に早稲田大学で国防部――正式には日学同（日本学生同盟）の早大支部――をつくりました。まさしくその時代の反動を象徴するようなクラブで、「国防力強化」「自主防衛」と言って、海軍旗を立てて、「憂国の士よ、来たれ」とやっていたのです。毎日左翼に囲まれて大変でした。いきなり唾を引っかけられたり、旗は引きちぎられたりで、いろいろありましたが、そういう中でぽつんぽつんと学生が入ってきます。一番多いのは官僚や自衛隊員の息子など体制保守派、次に入ってきたのが薩長土肥、維新をやった側の地域から来た人。反対に、会津とか東北列藩同盟の地域からも多くて、これは反中央、世の中に逆らうという気分の人たちでした。

それはそれとして、その後いろいろなきっかけがあって、三島さんにプールに招待してもらったら、自衛隊に体験入隊せよというので、三島さんの口利きで恵庭《えにわ》に体験入隊したこともあります。そうこうするうちに、学生運動と並行して三島さんがプライベート軍団をつくると言って、「楯の会」をつくり始めるのです。と言っても、結局はこちら側の組織の学生を引き抜いていくことになるわけです。これは組織分裂ですから、内紛もともなう。

率直に言うと、三島事件までは三島さんの楯の会と我々は心理的に対立したこともあり、しかし人脈はみんな重なっているという微妙な関係でした。いみじくも事件の直前まで保守の一部がからかっていたのは、楯の会はおもちゃの軍隊で、それこそ石原慎太郎が言っていたように「あんなものはマヌカンだ」と。そうしたら、事件が起きてしまったのです。その意味で衝撃なのです。あれは本気だったのかと。しかし、やられたからには、俺の死を利用してほしいというメッセージだったと思うから、事件を原動力にしてもっと国民運動を広げなければと自らを励ましながら、一方では冷静にやってきました。

衝撃というのは、先を越されたという衝撃なのです。ただ、一九七〇年六月が終わって、安保決戦も何もなくて、左は消滅しているという環境だったわけですから、どう客観的に分析してみても、あの時点で三島さんが別に死ぬことはなかったのです。状況的に見て、死ぬ必然性はなかったけれども、前年までに煽ってきた、あるいは同志と思っていた森田必勝《まさかつ》たちがいて、責任を取らなければ困るというわけです。「もし三島さんが立たないのなら、俺は三島を刺す」とか、そういう場面が何度もあって、自決に突き進んでいきます。楯の会事件は、後半は森田必勝の主導です。中村彰彦の『烈士と呼ばれる男――森田必勝の物語』（文春文庫）はそのへんのことを描きあげています。

檄文は、「我々は今や自衛隊にのみ、真の日本、真の日本人、真の武士の魂が残されているのを夢みた」「我々は四年待った。最後の一年は熱烈に待った」とこう来るのですが、これはやはりとってつけた文章に思えます。

ところで、三島さんと対照的に、左のほうの安保を闘ったと称する人たちはその後どうしたか。彼らは非常に出世して、体制内知識人になった人もいるし、サロンマルキストになっている人もたくさんいます。

サロンマルキストとはサロンでワインを飲みながら革命を語る人たちですが、こういうのは三島由紀夫が一番嫌った種族です。

言葉には死を賭した責任がつきまとう

【西部】

なぜ三島さんは死ぬことができたのか。非常に俗的な解釈で反発を招くかもしれないけれども、自分のささやかな幼い時の体験を踏まえて考えると、運動というもの、あるいは人間の生活というものは、いつも他人との関係、もっと言うと集団の中にあるわけです。実は自分の言葉というものも、家族であれ楯の会であれ、集団に向けて発せられるわけです。その場合に言葉というものの恐ろしさを僕は感じたのです。

あくまで想像で言うのですが、たとえば三島さんが、宮崎さんがつくった日学同から引っこ抜いた楯の会の人たちに向かって、「人間は命をかけねばならぬ」と、もちろん言ったでしょう。「命をかけた行動でなければそんなものは似非の行動である」ともおっしゃったでしょう。その時に楯の会の隊員たちが、「三島さん、そろそろ命をかけるべき時ではないでしょうか」と言ったに違いない。三島さんは一回か二回か知りませんけど、「もうちょっと待て」とたぶん言ったでしょう。そしてそれから半年たったら、森田必勝さんかどうか知らないけど、「三島先生、いつまで待てばいいのですか」とたぶん言ったでしょう。そうすると、やはりどこかで自分の言った言葉に責任を取らなければいけないわけです。いつまでもそのままにしておくことはできなくて、五年待とうとか、十年待とうなどと言ったら、それ自体、自分の言葉を空虚と化しますから。

僕は日本の知識人たちがあのように三島さんの精神分析をやったり文学論をやったりして三島を論じていながら、何一つ分かってないなと思ったのは、実は考えてみれば、文学作品であろうが社会評論であろうが、実はその言葉というのは社会の中で、あるいは集団の中で吐かれているわけです。そうしたら、必ずそれは単なる認識でも単なる批評でもないはずなのです。非常にプラクティカル、実践的なもののはずです。状況の中でのアクションとして言葉は吐かれています。そうなってきたら、文学は文学でありながら状況の中で書かれている以上、単なる文学を超えている。哲学も同じです。哲学であっても状況の中で書かれている以上、一つ一つが実践行為である。そうしたら、状況の中での実践は必ず責任を問われるのです。言葉を吐くことの恐ろしさを、日本の知識人どもは、学者、評論家、ジャーナリストも全部含めて、何も分かっていないのではないかと思えてなりません。

それで、僕が最初に三島さんについて書いたものは、楯の会およびその周辺、ひょっとしたら宮崎さんの日学同その他との相対関係も含めて、状況の中で対集団、対社会で吐かれた言葉は、必ずどこかで論理必然として命をかけざるを得ない、あるいはかけることもありうべしという性格を孕んでいて、言葉とはそういうものなのだということ、それをあの人は示してくれたとしか解釈できないと、そういうことを書きました。

そう考えると、これは結構恐ろしいことです。楯の会をつくろうがつくらなかろうが、戦前であれば自分がちょっと論文を書いただけで一人一殺の右翼のテロリストがやってきてブスッと刺すわけです。本当はそれでよかったのかもしれません。言論や表現とは、本当はそういうものでした。その危険から免れられるのは内輪のプライベートサークルだけです。たとえば家庭内。家庭内の言葉は、何を言ってもいちいち女房から殺されなくて済みます。内輪のちょっとした社交の友人関係。これは多少の暴言を吐いても殺されはしません。しかし、プライベートサークルを超えたパブリックの言葉となると、そうはいきません。多かれ少なかれ、強かれ弱かれ、死ぬこともどこかで覚悟していないと言葉というものは吐けないものなのだ、ということを、僕は教えてくれたと思っています。

左翼はサヨクと化し、熱狂的保守は消え失せた

【宮崎】

　七〇年安保の後、政治はどんどん悪くなっていきました。田中角栄が出てきて、いわゆる金権政治が始まります。あまりのことに、自民党の中に、この金権体質はいけないという批判勢力が出てきます。それが青嵐会です。青嵐会は濃厚に三島由紀夫の影響を受けています。石原慎太郎は血判を言い出しますが、血判は楯の会の初期の同志が血判した経緯《いきさつ》がある。戦後の政治家たちで、血判までして改憲を誓い合った集団はありませんでした。
　そうやって青嵐会は三島思想の残滓《ざんし》を引きずっていましたけど、結局、田中金権政治という自民党主流派の切り崩しにあって、具体的には人事と金による切り崩しによって、二年半ほどで青嵐会はなくなって、中川派に衣替えするのです。ところが、中川一郎は総裁選で苦労して、最後に自殺してしまう。その後は改憲を訴える政治集団としては少数派となります。国家基本問題同志会とか何か多少はあるけど、今やっている人たちは基本は個人ではないでしょうか。たまに問題ごとに、たとえば拉致問題

で集まったり、教科書問題で集まったり、女性天皇問題で集まったりするけれども、みんなアドホックな集まりで、組織体というのはありません。

そういう意味で、七〇年安保以降は、左翼はサヨクになって、サロンマルキストになって、体制擁護派や出世主義に転換していきました。保守はどうかと言ったら、保守は熱狂的保守がこの日本からものの見事に消えてしまいました。これが今の日本の悲しい状況ではないでしょうか。

本来ならばこの不平等な日米安保条約にはさらなる改定運動が起きなければいけないのに、しかも二〇一〇年は五十周年なのに、声さえ上がらない。

「アメリカが守ってくれるはず」という錯覚

【西部】

今の話に尾ひれを付けるようですが、金丸信の「思いやり予算」（在日米軍駐留経費負担）が始まったのが一九七八年のことでした。あの「思いやり予算」という言葉を聞いた時にざわざわっとした覚えがあります。アメリカが沖縄その他に基地を置いて、それによって、本当はそうではないのだけれども、アメリカに守ってもらえるかのような大いなる錯覚の中にまどろむ道を日本は選びました。もちろん、アメリカはいざとなったら日本を守りません。自分を犠牲にして他の国を守るなどというお人好しの国ではありませんから、アメリカは。でも、そういうふうに思うことにして、そして、思ったことの引き換えに思いやり予算として日本が金を払うことにしたということでしょう。最初はみんな、少々あの言葉に違和感を覚えたようですが、いつのまにかそれもなくなり、「思いやり予算」という言葉も定着してしまいました。へえ、ここまで来るのかと思った。これも先ほど言った、あらゆるパトリオティック、ナショナルなものを金銭計算に還元してしまう思考のなれの果ての現象なのだとつくづく思いました。

僕はつい先だって、沖縄に五回目ぐらいに行ってきて、また同じことを思ったのです。たとえば米軍基地は主として沖縄にあるわけです。そうすると、僕が勝手に忖度している沖縄人の半ば無意識の気持ちは、こうであるに違いない、あるいはこうであってほしいということで言うと、それは「俺たち、ヤマトンチュの要望に従って立派に戦ったじゃないか、島民の三分の一が。それなのにヤマトンチュは俺たちに対してありがとうの一言もないじゃないか」というものです。我々本土の側は、「おまえたちに戦ってもらって陸上決戦は沖縄だけ、本土はもちろん原爆も空襲もあったけど、天空高くから何か火砕流が降ってきたようなもので、陸上決戦はやらなくて済んだ。沖縄には本当に感謝の言葉もない」といった態度を戦後、今に至るも一度も示してきませんでした。そのことが、沖縄人をしてあの莫迦げた平和主義に追い込んでしまったのであろうと僕は思っています。

それで、自分が思っていることを、実は沖縄の人たちに一度目から五度目まで、毎回、言う場があれば言ってみるのです。ところが沖縄の人たちの反応は、僕のそういう解釈にイエスも言わないしノーも言わない。左翼なら平和主義的反対をやるでしょうが、彼らは左翼の連中ではなくて普通の人です。その普通の人である彼らは、ただ黙っているだけ。見事に五回とも黙っているのです。おもしろい現象だなと思いました。

もちろん沖縄については、日本の思いやり予算の支出がなければ経済的に困るとか、そういった経済計算は山ほどできますが、そんなことではなくて、それこそナショナルなもの、パトリオティックなものとして、沖縄には会わす顔がないぐらいの切実な思いがあってしかるべきなのに、それがないことが問題です。「俺たちは死ぬまで戦う」「一億玉砕だ」と言いながら、実は本土で言えばたった九十万死んだだけで、太平洋で百万、中国大陸で百万死んだだけで、白旗を掲げてしまった。それは時の運で致し方なかろうけど、その時に、徹底的に戦ったかどうかは別として、爆弾の雨あられに全身を曝《さら》すとか、それに類する戦闘を経験した島民に対して、本土の日本人が大東亜戦争の評価も踏まえながら「ありがとう」の一言も言わなかったということで、そのことが沖縄をおかしくしてしまった。そして、日本〝列島〟人のいびつな戦争観が、とうとう思いやり予算を是とするような莫迦げた国防論をもたらしてしまったと思われてなりません。

日本の保守派からいろいろな自主防衛のための意見が出されたことは事実です。古くは一九八〇年に、清水幾太郎さんが『日本よ国家たれ』（文藝春秋）において核武装を唱えました。僕はあの当時も、その言っていること自体には賛成でした。ただ、何かあの時以来、国防の話をする必要のある時に、一種の技術論に偏って、それはばかりに話が限定されるきらいがあったと僕は思います。

そのもっと端的な例は石原慎太郎さんです。要するに、アメリカの国防技術は日本のハイテク産業のおかげで成り立っていて、日本は高度なハイテクを持っている限り、アメリカの国防を左右するほどの非常に強い立場にいると一時期言っていました。

僕はそれを聞いて非常に子供っぽい議論だなと思いました。ビジネスエコノミストで、技術決定論のような主張をしている唐津一さんたちの影響なのでしょうが、物事を技術のほうから見て、それで政治も文化も全部技術の中に圧縮されるような物の言い方を、しかも文学者でもある人が言うというおかしさ。僕は石原慎太郎さんに怨みもつらみも何もないけど、戦後日本のいわゆる非左翼、反左翼陣営の防衛問題に対する議論の仕方が、アドホック、つまりその場限りのものだと思えてならないのです。

在日米軍の駐留経費まで払うお人好し国家

【宮崎】

私も沖縄の人と議論することがありますが、彼らは私から見れば非常に身勝手なことを言っていると思うことがあります。ヤマトンチュはけしからん、と。それに対して、「では、沖縄は独立したらどうか」と言うと、二の句が継げないようです。そういう発想が全くありません。

沖縄に謝らなければいけないのはもちろんとして、我々は台湾の人にも謝らなければいけないのです。しかし、戦後の日本は、台湾を切り捨ててしまいました。好意を持っている人たちに対して裏切りの限りを尽くしています。

思いやり予算にちょっと補足しておくと、外国の軍隊が駐留しているのだから、本来は基地使用料をアメリカが日本に支払わなければいけない。それが常識です。今、パキスタン、カザフスタン、キルギスにいるアメリカ軍は基地使用料として年間数億ドル払っています。基地で雇用している人間に、アメリカはちゃんとサービスチャージと給与を払っています。キルギスという小国においてすらそうです。日本だけは、占領されている国が予算を付けるという逆転現象になっていて、しかも国民はそのことを全然不思議に思っていない。ですから、これもやはり「世界の常識は日本の非常識」につながる、非常に不思議な話です。

石原慎太郎さんは、エンジニア史観で断じるくせが抜けない。日本経済をここまで成長させたのは日本のエンジニアではないか、と。しかしエンジニアたちが歴史にまで容喙《ようかい》を始めたらおかしな議論になるに決まっています。今でも次期戦闘機F22のステルスの塗料は、あれは日本の確か宇部興産だから、これがなければアメリカのハイテク兵器は成り立たないとか、そういうことを言う人はいます。戦略的判断から言えば、全くもって枝葉の話です。日本の製品がないのであれば、他から買えばいいだけのことだから、どうということはないのです。ともかく日本人が早急に回復しなければならないのは、民族の精神と歴史の見直しでしょう。

第4章

戦略的発想を持たず、迷走する日本外交

イラク政策を完全に誤ったアメリカ　【宮崎】

私の見るところ、不思議なことが一方において行われたのです。どういうことかというと、独立の精神を失って骨抜きになった日本人、しかしややもすれば反米基調の日本人が、あのベトナム戦争の時には、心理的に情緒的に北ベトナムを支援しました。よく考えたら、もちろん左翼の宣伝とか、「べ平連（ベトナムに平和を―市民連合）」とかいう偽善者のグループもありましたが、基本的には、大東亜戦争における敗北の屈辱を「ベトコン（南ベトナム解放民族戦線）」が晴らしてくれているんだという潜在意識があったのではないか。誰もそれは口には出さなかったけれども。なかなかやるじゃないかという意識です。

それが二十一世紀に入るとアメリカが一方的にやらかしているイラクとアフガニスタン戦争です。イラクのサダム・フセイン体制は、見事にひっくり返ってしまいました。アメリカは日本の占領と同様に、従順なるイラク国民が、瞬時にしてアメリカの指導の下に民主国家をつくると思っていたのが、とんでもない。占領して七年たっても、八年たっても、爆弾が飛び交っている有様です。想像だにしなかった深い反抗にあった。

日本では、まともにイラク問題を議論している人がほとんどいませんが、最初の間違いがものすごく尾を引いています。イラクは国民国家を名乗っているだけで、実は全く民族が違うし、言葉も違います。単純に言えば、南半分はシーア派で、真ん中がスンニ派で、北はクルドなのだから、民族自決の原則に従えば、三分割するのが一番理想的です。ところが、かつてイギリスが引いた人工的な国境線をいまだに英米が守ろうという論理から、イラク戦争に突入していきました。

そうすると、当初サダム・フセインをやっつけたところまでは、アメリカの思惑が九〇パーセントくらい達成されたと見ていいでしょう。ところがその後はもうボロボロです。基本的にはシーア派が抵抗勢力になって、背後にあるイランから武器の援助を受けながら、国内秩序をハチャメチャにしてしまいました。アメリカ軍の介入は聖なるイスラムへの冒瀆《ぼうとく》というイデオロギーを吠《ほ》えるや、イスラム各地から外人部隊が入ってきて、それがテロをやらかすので、治安は乱れ、血で血を洗う惨状となった。アメリカは何回も何回も誤りに気づいて、最終的に至った結論は、とにかくイラク国民に自前の警察と軍を与えて、それを教育、訓練して、彼らに秩序回復を任せる以外にない、と。その結論通りにやってきて、イラクからは何とか撤退の見通しが立ちました。気づくのに八年の歳月を要した。

オバマ政権になると、今度はアフガニスタンに多大な兵力とエネルギーを注ぎ込むわけです。アフガンでも、これまたどえらい計算違いをアメリカはやっていると思うのです。そのことは反面教師として、六十余年前に日本が独立を消された時の、占領政策における対比と非常に密接につながってきます。これは学者の研究対象にもなるでしょう。民族性や歴史の違いなどよりも、占領政策が日本とイラク、アフガンでこれだけ違った理由は何か、アメリカの判断はどこで間違ったのかなど、いろいろな研究ができると思います。

ともかくアメリカは最初からボタンの掛け違いばかりです。一九七九年にソ連がアフガンに侵攻するとアメリカのカーター政権は「ハト」から「タカ」に突如豹変してパキスタンに軍事援助を拡大します。ＣＩＡが秘密工作を各地で展開、反ソ連ゲリラの「ムジャヒデン」を英雄に祭り上げて、パキスタン経由で武器を供与するなど大々的なテコ入れをした。この間にＣＩＡがオサマ・ビンラディンにも資金を与えたのは周知の事実です。

アメリカは戦術的優位に立たせようとムジャヒデンに虎の子の戦場兵器＝スティンガー・ミサイルまで供与した。ですからソ連の武装ヘリコプター「ミル・ハインド」は墜落ばかり。捕虜になったソ連兵は皮を剝がれ、目をくりぬかれ、性器をもがれ、残酷に処刑された。この残虐性は大英帝国が数万の軍隊をアフガニスタンへ入れて、全員が殺されたときと同じ残酷な風景でした。ゴルバチョフはアフガンからの撤退を決意します。

ソ連撤退後のアフガニスタンでは、ムジャヒデン各派に「反ソ連」という統一目標がなくなり、部族別に分裂、もとの地方軍閥のいがみ合いにもどって内ゲバを始める。タジク人は「北部同盟」に拠り、ウズベク人は北部で軍閥を率いて自治を行い、モンゴル系のハザラ人は離合集散、政権に近寄ったり、離れたり、あげくに首相になったヘクマチアル（ハザラ人）は政府を投げ出しカブールを攻撃した。

要するにアフガニスタンでは重武装の軍閥が割拠し、混乱が続いていた。多数派のパシュトン人は部族によって分裂しており、お互いが対立し、しかし排外主義的行動をとるので、イスラム神秘主義に基づくタリバンが急速にアフガニスタン全土に拡大する精神的土壌ができていた。パシュトンの軍閥の背後にはパキスタン軍情報部が関与していた。パシュトンを軍事的に強くすることはパキスタンの安全につながるからです。

一九九六年にタリバンはカブールを陥落させます。そしてタリバンは伝統的なアフガニスタンの習慣を覆し、長老政治、部族会議より優位にイスラム法の厳格な適用を強制した。女性はブルカを着用し、学校へは行くな。たこ揚げ、サッカーの禁止など。

こうなるとタリバンvs北部同盟の対立図式が生まれ、欧米が比較的に支援した北部同盟のマスード司令官はタリバンの放った刺客に暗殺された。

二〇〇一年、「九・一一テロ」に襲われた米国は急転直下、タリバンが庇護していたアルカィーダ殲滅《せんめつ》作戦を開始し、アフガニスタンの軍事基地にトマホーク・ミサイルを多数お見舞いした。アフガニスタンに米軍が介入を始めると、タリバンはたちまちにして雲散霧消し、カブールには欧米に支援されたカルザイ政権が誕生をみる。

ところがカルザイ政権の実態とは、パシュトン主体ではなく、タジク人が軍と警察をおさえるというバランスに乗っかった、部族均衡という意味でバランスをとるかに見えて、実態はおそろしく均衡を欠く特色がある。多数派が少数派ながらも武装するタジク人とウズベク人と妥協した政治構造はパシュトンが好ましく思わない。とくに軍と警察と秘密警察がタジク人が七割を占め、幹部はタジク人がほぼ独占するという妥協をカルザイ大統領は行った。この政治への反発がタリバンの復活につながるわけです。

以後、反政府ゲリラが首都カブールを囲む形で、各地に軍閥が群雄割拠。これが「タリバン」の実態であり、反中央政府の軍事活動に見えて実は軍閥同士の内ゲバという側面が見落とされがちです。アメリカが、こうした実態に気がつくのは二〇〇八年ごろです。

介入した外国軍は当初、歓迎される雰囲気もあったが、それから八年間も費やして、内戦、内乱、騒擾《そうじょう》、ゲリラ戦争は悪化の一途をたどり、アフガニスタンは外国軍の駐留が、むしろ事態悪化の元凶と見られるようになる。もともと政府とか国家を認めていないアフガニスタンの歴史があるだけに、カルザイ政権を中央政府とは考えない。軍閥の主導権争いが部族の対立より強い要素として浮かび、麻薬ビジネスの主導権争いで軍閥同士が殺戮《さつりく》をしあう。

往時、カブールは砂漠のオアシスとして栄え、ソ連侵攻前までは「中央アジアの巴里」と呼ばれたこともありました。その砂漠の麗都は血の海となってしまった。

日本の平和進歩思想が「アフガニスタンに平和が来る」などと理想を述べていますが、三千年以上に亘って戦争を繰り返し、アレキサンダーもペルシャ王朝もモンゴルもムガール帝国も英国もソ連も、最後には匙《さじ》を投げて逃げ帰った、このアフガニスタンを西側の民主主義で統治するなんて夢想に終わるのではないのですか。

ＧＨＱ方式を拒否した誇り高きイラク人　【西部】

イラク問題では実にいろいろなことを感じさせられました。あの時は本当にひどいと思ったけれども、アメリカはバグダッド攻撃の直後に、今後はＧＨＱ方式でやると発表したのです。ＧＨＱ方式とはかつての日本に対する占領方式のことです。対日占領政策は見事に成功したから、それを一つのモデルとしてイラク統治をやろうとアメリカは言い出した。五十五年ぶりにＧＨＱ方式が出てきて、おそらくアメリカの近代戦争史の中で、あの対日支配くらい見事なものはなかったのでしょう。いくらしゃぶっても甘みが残る、忘れられない蜜の味だったのです。しかし僕が言いたいのはイラクのことではなくて、アメリカから大東亜戦争が終わって五十五年ぶりに「ＧＨＱ方式」という言葉が出てきた時に、何の屈辱も感じないこの日本人には、ほとほと絶望してしまったというのが正直なところです。

僕がイラクなりアフガンなりでつくづく思ったのは、「歴史上のもしも」、いわゆるヒストリカル・イフ――あり得たかもしれない過去について後ろ向きに想像してみる思考実験――で、大東亜戦争の最終局面において、沖縄にだけ陸上決戦をさせて本土では一切しないということではなくて、もしも日本民族が本土決戦に臨んだならば、あるいはイラクやアフガンと同じようにレジスタンスに立ち上がったならば、もちろん軍事論として言えば、あと何百万人死んだだろうかというかなり切ない想像もしなければいけないのだけれども、そのことも踏まえて、果たして日本の戦後はどうなったであろうか、という問いです。あの時はアメリカ側も、日本民族がレジスタンスをするはずだと思って、ものすごく及び腰でやって来たのです。

少々エピソーディックな話を紹介すると、敗戦後、札幌に、いわゆる進駐軍、占領軍がやって来ます。その時の米軍は黒人兵の部隊でした。僕は札幌郊外にいたせいで見ていないのですが、札幌市民は生まれて初めて黒人の集団を見て、ほとんどお化けの集団が現れたといって、怖気《おぞけ》をふるったというか、恐怖に身をすくめたという話をいろいろと聞いています。これはもちろん黒人差別で言うのではありません。ただ単に初めて見たせいです。

なぜ黒人兵を出してきたかというと、日本民族はレジスタンスを起こすに決まっている、したがって死んでもいい兵隊としてまず黒人兵を送る、白人兵はレジスタンスが終わるなり見通しがつくなりした後で送ればいい、と。彼らはそこまで計算してやって来たのだけれども、日本人は黒であろうが白であろうが、負けましたと兜《かぶと》を脱いだ。負けましたどころか、新しいお代官様がやって来たという調子で、その前にひれ伏すということをやった。

これは世界の戦争史上でもかなり特異な現象です。一般の国民、それも圧倒的多数の国民が、占領軍を負けた翌日から大歓迎しました。世界の戦争史上、おそらく他に例を見ないようなことを日本民族はやったのだと、僕はそのことくらいはそろそろ確認されるべきだし、それが確認されないと、日米同盟も何もあったものではないと思うのです。独立の気概論は、そうやっていくつにも枝分かれしながら、日本人のあらゆる奇妙な振る舞い方を思い起こさせるテーマだと思います。

オタク的議論ばかりで戦略的発想がない　【宮崎】

日本は島国で、秀吉の刀狩り以来、国民が武装していないということも大きいと思います。それとイラクの場合、古くはチグリス・ユーフラテスをめぐる水利と土地争いから、バビロンの攻防があって、ネブカドネザル王が出て、その前をアレキサンダー大王が通り、チンギスカーンが通り、言ってみれば永遠の修羅場です。アフガンはもっとひどい。アレキサンダー大王のインド遠征はアフガニスタンを蹂躙《じゅうりん》し、ソグド系の人々を置いていった。ペルシャはタジク系のダリ語を北アフガンに残し、またチンギスカーンはハザラ人［宮崎後註　モンゴル系］。主力のパシュトン人はタジク、ウズベク、ハザラという三つの他民族とのバランスで、政権を運営せざるをえないが、円滑には出来ない。ですから、常に武装しているわけです。そういう意味で、占領における対処の仕方、考え方が全く違ってきたという面はあります。

翻って日本は、独立の気概の喪失から、国防に関しては対米追随も度が過ぎるところまで来てしまったわけですが、最近の国防論議を見ると、一方において非常にオタク的になってきている気がします。元防衛大臣の石破茂《いしば》さんに代表されるように。それから先日亡くなった江畑謙介さん。兵器のオタクは、兵器の性能の説明は優れているのですが、戦略的なことを少しも言わないのです。日本人は戦略についてまるで分かっていません。戦略さえ分かっていれば、今一番大事なことは何かというところから始まって、今何をしなければいけないかに議論が進んでいくはずなのですが、今何をすべきかをめぐって枝葉のことで賛成か反対かと細かな議論をやって、そうこうするうちに国会も終わり、新聞も興味をなくすというのがお決まりのパターンです。非常に不思議なことが延々と繰り返されているのです。

最近の例ではＦ22の開発があります。次期ジェット戦闘機は、アメリカが開発したＦ22はステルス（「隠れた」を意味し、敵から探知されにくいこと）の戦闘機だから、日本のＦ15後継機もこのＦ22にすると基本方針は決まっていました。ところが、アメリカがこの開発をやめると言い出しました。そうすると、日本はおかしなことに、Ｆ22は導入を前提としていたのにはぐらかされたという対米不信の議論が起こる。ついで技術論で、今の能力よりも作戦半径が広がるし、しかも相手に見えない飛行機だから何としても欲しいという議論。一番肝心な、それならば日本の技術力をもって同じものを作ればいいではないかという議論はさっぱり現れてきません。なんといっても、次世代ハイテクの中枢にあるスパコンの開発予算さえ、「仕分け」と称する民主党の〝人民裁判〟で廃止しようとしたのですから、頭の中が完全にアメリカに占領されていますす。自主性というものが本当にない。

そうかと思えば、今度は逆に、アメリカが日本にいてくれるから日本の安全保障が保たれていることは事実で、核兵器があるからそれが抑止力になって、他国は核戦争を仕掛けてこないわけです。これが現実なのに、核兵器の持ち込みについて過去の密約を調査せよと今の民主党政権は言っています。外交には密約があるに決まっています。それを暴くというのは愚の骨頂です。世界の常識に照らして、いまだにおかしなことを続けている現実は、非常に不安になるところです。

後方支援に甘んじるのは屈辱ではないか

【西部】

「絶望」という言葉は使いたくないけれども、これはもう始末に負えないなという感じはあります。ましてや我々ごとき知識人にすぎない者が、残念ながら宮崎さんも国防大臣ではないし、僕も国防次官ですらない。全く有効な手が打てない。話が途中ではぐらかされる、舞い上がる、沈んでしまう、ちょん切れるで、軍事問題に関する思考力はほとんど幼児レベルにまで低下している。つくづくそう思います。情緒から論理に至るまで全部、国防問題は偉大な日本民族の精神の空白の中に放り込まれたという感じです。

たとえば今度の民主党政権で、インド洋沖の石油給油を中止することになりましたが、これなど論理的におかしい。これまでもずっと、ＰＫＯ（国連平和維持活動）論議の時もそうだったし、イラク戦争での対米協力もそうですが、「戦争の前線には行かない。しかし後衛であれば石油も運ぶし、包帯とか水も運ぶ」といういつもながらの論法について、この国で議論が起こったことは一度もありません。

その戦争を肯定するならば、もちろん前線にすっ飛んでいくのは愚か者の軽率な所行ですけども、考え方からいって、正当な戦争ならば、場合によっては前線に行ってしかるべきです。正当な戦争は勝たなければいけないのですから。それに協力するというのなら、勝つためには前線に行くこともあり得べしとしなければならないのに、「前線に行くことは憲法で禁じられています」と勝手な憲法解釈を持ち出して、しかし後衛ならば、後衛部隊にいて何か運搬するくらいなら辛うじて合憲であると称して、そんなことを続けています。

国際社会もたぶん、呆れ果てながら、「まあ仕方がない、あの国には憲法とかいうものがあって、それを口実にして包帯とかオイルを運んでいるのだから、まあ、運ぶ分だけ少しは役に立つから運ばせておこうか」と思っているに違いありません。アメリカをはじめとして、ほとんど子供をあやすようにして、「分かった分かった、おまえたち、怖いんだろう？　怖いのなら前線に来なくていいけど、その代わり、後ろでちゃんと握り飯を作り、ちゃんと運んでくるんだよ」と言っているのです。

そして、そのことを屈辱と感じる国民精神がもはやどこにも見当たらない。かくも無残な現状は左翼に限ったことではありません。反左翼の側もそうです。正しい戦争なら前線に行け、しかし正しくないのであれば――万やむを得ず正しくなくても参加する場合があるのが国際政治というものですが――、どこかの段階で足抜きしたらどうだ、という当たり前の議論は、実は反左翼の側からもされていないのです。

足手まといの自覚なき日本外交の爆笑問題　【宮崎】

日本人の思考力の低下は戦後教育とマスコミにも責任があります。幼稚園の教育を見てもそういうことを感じます。「みんな仲良くしましょうね」「隣の子を殴っちゃだめよ、殴られても仕返しはしてはいけないよ」「運動会は一位、二位の競争はしてはいけません」――こんな教育をずっとやっていたら、発想力は非常に限定されてくるに決まっています。人間としての発想が貧困になってしまう。

自衛隊の海外派遣でカンボジアＰＫＯや難民救援活動の時、武器の携行と使用についてさんざん議論したことがありました。その時に、自衛隊は出すけれども機関銃は一丁という議論があって、それは一人につき一丁かと思ったら、そうではなくて、一つの部隊に機関銃一丁という話だった。その裏で、カンボジア復興支援会議をやることが決まったら、突然外務省がしゃしゃり出てきて、東京で復興会議をやって、支援費用はみんな日本が持ったわけです。

湾岸戦争*の時も、実力行使の場面では何もしなかったけど、金だけ出して、それも百三十億ドルという破天荒なカネ、さらに支払う段になってドル高になっていたので、結局百三十五億ドルもの血税を払わされ、最後にやらされたことは後始末でした。あの時は機雷の掃海をやらされています。

今度の第二次イラク戦争では、給水と学校を建てることをやりましたけれども、なんと、その自衛隊がイラクのサマワで水を積んで運んでいるところを外国の軍隊が守っていて、こんな足手まといなことも実はないのです。

民主党政権の岡田外務大臣になって笑止なのは、彼はインド洋での給油をやめると言いだし、代わりに農業技術団を派遣したり学校を建てたりすることで協力します、と。しかし、これはおかしい。農業協力者をアフガニスタンに送って何をやるかというと、田植えのやり方は十センチずつ置くのですよといった程度の、それこそ誰でもできることを教えに行くのですが、それをフランス兵とかイタリア兵が守らなければいけないのです。また足手まといになることが全然分かっていない。しかもアフガン現地では危険なので、インドネシアあたりに研修生を呼んで、そこで教育しよう、と。結局は五十億ドルのアフガニスタン援助を日本は提案せざるを得なくなった。邦貨換算で四千五百億円、あの大騒ぎした「仕分け」で浮かせるカネの四〜五倍！

本当に日本外交の爆笑問題です。

＊湾岸戦争
一九九〇年八月、イラクは原油生産をめぐって対立を深めていた隣国クウェートに軍事侵攻して占領した。国連安保理の即時撤退決議にイラクが従わなかったため、アメリカは多国籍軍を組織して翌九一年一月、イラクを攻撃する。日本は当初、多国籍軍と周辺諸国の経済支援に四十億ドルを支出し、戦争が始まるとさらに九十億ドル（一兆二千億円）の追加支援を行ったにもかかわらず、停戦後にクウェートが出した感謝決議に名前が載らなかった。九一年四月のペルシャ湾への掃海艇派遣は「初の自衛隊海外派遣」といわれている。

世界の常識からかけ離れた国防世論　【西部】

中国は一九八〇年代からすさまじい勢いで軍隊の近代化を進めています。この場合の近代化とは、武器の性能の兵器輸入による向上のことですが、北朝鮮も核・ミサイル開発に余念がありません。軍備増強が海のすぐ向こうで巨大な動きとなって起こっていることは折に触れて知らされているのに、泰然自若《たいぜんじじゃく》というよりも、わが国の反応は鈍くて、完全な不感症状態です。

僕は、宮崎さんたちの長年にわたる国防や熾烈《しれつ》な国際外交におけるパワーゲームをめぐるいろいろな分析、評価、提案を多とするものですが、しかし現状を見たら、物事をしっかり考えるためのＡＢＣ、イロハの段階で、もう日本人はくずおれているんだということを、声を大にして指摘せざるを得ません。

たとえば民主党政権の金融大臣、亀井静香さん。あの方はいろいろな面で評価する面もあるのですが、国防問題をひとたび発言するや、核武装問題を例に取ると、「原爆なんてものは使えない兵器だ。そんな使えない兵器について議論しようとか持とうとか、おこの沙汰である」とあっさり言ってしまう。僕はじかにも聞かされたことがあります。

もちろん、それには一理か二理はあるかもしれない。それこそ核軍縮を宣言したオバマ大統領がまだ何もやっていない段階でノーベル賞をもらうご時世ですから。世界は、荒れ狂う国際社会の荒海の中で、何とかお互いごまかしの妥協をし合いながら、波を鎮めようとしているのでしょう。ですから、確かに核武装問題が状況とうまく絡み合うかどうかは、非常に難しい政治的判断を要することだとは思います。

しかしながら、文明の歴史を見れば、未来というものは、不確実であるどころか、不確実性の中の非常に極端なものとしてのクライシス（危機）、デインジャー（危険）に絶えず見舞われてきました。それが数千年の歴史の有り様です。そのことを踏まえるなら、未来は基本的には予測不可能なものとしてあり、その予測不可能な状態を国家として何とか乗り切ろうとしたら、戦争の可能性を常に念頭に置かなければならず、その戦争においては、大量破壊兵器の行使をどこかの国がある局面でやる可能性はいつも残ると考えざるを得ません。可能性が残ればこそ、大量破壊兵器を持つことの政治的な効果は絶大となりもするのです。

ところが日本社会では、こういう国防論のイロハのロかハか知りませんが、この程度のことも論点として浮上し得なくなっています。すでに見たように大東亜戦争に対する評価から、核兵器などをめぐる問題に至るまで、世界の常識からあまりにも遠くに隔たってしまうようなことが、もっと言えば、まるで絶滅危惧種の振る舞いかと思われるようなことが、この国の国防世論としてまかり通っているのです。宮崎さんも、こういう精神風土で外交や国防を論じ続けるのは大変だろうなと同情しています。

増派決定までに三カ月もかかったオバマ大統領の弱腰　【宮崎】

現実の世界に話をもどしますと、オバマ大統領はウエストポイント（陸軍士官学校）に出向いて演説し、アフガニスタンへの三万名の兵力増派を決めました。二〇〇九年十二月一日です。

その年の六月にアフガニスタン現地の米軍司令官を更迭し、新しく任命したマクリスタル司令官が作成した報告に基づく四万人派遣プランは、じつに三カ月もかけて九回の幹部会議を開催した末の決定（四万を三万に減員し、不足分をＮＡＴＯに要請）でした。この間、オバマ大統領には「優柔不断」のレッテルが貼られ、しかも途中にノーベル平和賞の珍事が降って湧いたため、「もはや増派はないだろう」とする楽観的な推測もあった。とくに米議会の多数は増派に反対で、あまつさえバイデン副大統領が反対して閣内不一致となった。さらに元現地司令官経験者で駐アフガニスタン米大使エイカンベリーが猛烈に反対したため混乱を極めていました。

こうした経緯をふまえての増派ゆえに、しかもまったく皮肉なことにアフガン増派には共和党が賛成するという、じつに奇妙なアメリカ政治の局面においての、オバマ大統領の出遅れた決断だったので、当然ながら苦渋に満ちたものだったでしょう。むろん増派には幾つかの条件がつきました。最大の付帯条件はアフガニスタンのカルザイ政権に対しての汚職追放要求です。

オバマ演説には二つの特徴があります。第一は四万増派を三万人に削ったうえ重点をアフガニスタンの治安部隊の育成と訓練に置いていること。第二は二〇一一年からの撤退も同時に謳い、兵力の派遣計画にしては異様な内容であることです。

ところが米中央軍司令官ディビッド・ペトラウスは議会証言でオバマの増派計画と治安部隊の育成に関して財政的見地から極めつきの疑問符を投げかけました。異例のことです。

ペトラウス中央軍司令官とはイラク、アフガニスタン、パキスタンへの米兵派遣を統括するトップ。かつての湾岸戦争の英雄シュワルツコフの地位。つまりクリスタル現地司令官より上のポストの軍人です。彼が言うには「欧米軍は合計十五万人規模となり、アフガン現地の治安部隊と警察を併せると合計四十万人になる。このコストだけでも（戦費を除く）年間百億ドルでまかなえるとは考えられない」と証言したのです。げんにアフガニスタン南部ヘルマンド地区では補充するアフガニスタン治安部隊の募集にあたり給料を百八十ドルから二百四十ドルにあげたのですが、タリバンの補充兵士には二百五十ドルから三百ドルが相場です。

カブールを突如訪問したゲーツ国防長官と一緒に記者会見したカルザイ大統領は「アフガニスタンが自己負担で治安部隊の給与を支払えるようになるのは二〇二四年になるでしょう」と言ってのけ、ゲーツ長官を驚かせました。

ことほど左様に増派は決まったとはいえ、アフガニスタンが第二のベトナムとなることは明白でしょうね。

かのベトナムの敗北と共産主義政権の樹立も、カンボジアの大虐殺も、米議会が厭戦気分によって追加の予算を認めず、敗退せざるを得なかったのがアメリカの歴史であり、今度のアフガニスタンとパキスタンという両戦域での戦争の継続は、リベラルとハト派が多い米議会の出方によるでしょう。戦争目的が通じるのは、おそらくあと一年です。

一番大事なこと、日本が覚悟しなければならないことは、イラク、アフガン、そしてパキスタン戦争でアメリカが疲弊し、自ら国力を弱め、逆に言えばアジア太平洋における中国の覇権確立は予測よりも迅速に達成されるだろうという恐るべき状況です。その現実さえ拱手傍観し、あまりにも現実離れした、軽い存在、これがいまの日本です。日本の国防論議は、リアリスティックな世界の現実を見ない、いや見ようともしないで平和の念仏を唱えるという幻想のなかに展開されているのです。

中露を民主主義国とみる元防衛大臣に呆然　【西部】

もう一人の大臣に触れておきたいのですが、石破茂さんが防衛大臣退任直後に出した『国防』という厚い書物が随分売れたとも聞いています。僕は現職の政治家が「国防」と題して本を出すこと自体はエポックメーキングなことかなと思って読んだことがあって、読んでほとんど呆然としてしまったのです。

その一例を挙げると、日本の核武装について、核武装そのものよりもその論議の仕方ですが、こういう論法があるのです。日本が核武装をしてしまうと北朝鮮と同列の国と見なされてしまう。だからそんなのは国際外交上、不利に決まっている、と。

そこまでは何となく、愚かしい人は説得されたような気がするでしょうが、さらに筆を続けてこう言われています。現在、すでに核を持っている国々は、まがりなりにも民主主義国だと、こうくるのです。

私が呆然としたのは、中国が民主主義なのか、ロシアが民主主義なのか。もちろん、アメリカ、イギリス、フランスあたりは民主主義と言っていいのでしょうが、民主主義がまたしても金科玉条になっているのです。既存の核クラブにはロシアもいれば中国もいます。ひょっとしたらウクライナも持っているかもしれないとか、カザフスタンも残っているかもしれないとか、あるいはイスラエルはとうに持っているとか、いろいろ込み入った事情もあるのに、直前まで国防大臣だった人が平気でそんなことを言う。こうなってくると、思考の空滑りというのか、思考の一種の蒸発状態です。目の前に、民主主義とはとても言えない中国がいる、あるいはロシアがいるにもかかわらず、そんなところまで話が滑ってしまうのです。

ですからこれを読むと、核武装をしたら民主主義国と見なされるのなら、「じゃあ日本も持っちゃったら」と冗談を飛ばしたくなるぐらいに、それほど国防問題は真面目に議論できなくなってしまっているのです。

大国の論理でしかない核拡散防止体制　【宮崎】

『朝日新聞』が、中国は空母を着々と二隻そろえると書いていましたが、別に批判して書いてあるわけではなくて、あの報道姿勢には呆れました。北朝鮮が核兵器を開発して、それを搭載するかもしれないミサイルの発射実験をやっても、キョトンとしているのが今の日本人です。

日本では国防論議に情緒が入ってきてしまいます。それから、歴史の進歩史観みたいな変な進歩信仰が入ってきて、冷静な国防論議を何もしないのです。

核については後でまた議論したいと思いますが、一言でいえば、核兵器を既に持った国はそのまま保有してもいいけども、持たない国はもう持つなという極めて不平等な核拡散防止条約（NPT）体制の中に各国を押し込めた。これが核クラブです。忠実に守っているのは日本だけかもしれません。IAEA（国際原子力機関）などは費用の半分以上を日本の核管理に投じていて、そういう意味では、当初は日本の核武装が一番怖かったのでしょう。

ところが、欧米が油断しているうちに、まさかのインドとパキスタンが持ってしまいました。パキスタンはとてもまだ民主主義国家とは言えません。一応選挙はやっていますけど。本質的に軍権主義体制でしょう。南アフリカも持っていたのですが廃棄しました。なぜ廃棄したかというと、これは人種差別で言うわけではなくて、黒人が政権を取ることが日程に上がってくると、アメリカの圧力で、黒人過激派が担おうとしている南アに持たせたままにしておいたら核兵器が外に流れてしまうから廃棄しろということになったらしい。どこかに流したという説もあります。

そういうわけで、ＮＰＴは大国の不条理と言っていい体制です。日本はそこを全然衝《つ》かないで、大国の論理の下側のところでうようよと何かほざいているだけです。

侵略性のない国は核兵器を持つ資格がある

【西部】

本当にほざいているとしか言いようがない状態です。僕は何年も前ですが、自民党の国防部会だったたか、シンポジウムのようなものに呼ばれたことがあって、ちょうど北朝鮮の核武装問題が議論された時期だったので、その時にこう言いました。「国際社会でいろいろな論証と実証を積み重ねて、当該の国家が極めて侵略的な性格の国であるということが認定された場合には、その国の核保有を国際社会は全力を挙げて阻止しなければならない。なぜならば、核兵器が侵略に使われたら国際社会が保たれようもないから」

もちろん侵略とは何かということも厳密に言ったのです。「ある国家が覇権的（ヘゲモニック）な意志と国家レベルでの決定をもって、他国に武力を自ら出すこと、出動させることを侵略と呼ぶ」と。

続けてこう言いました。

「したがって、北朝鮮はどう考えても、いろいろな証拠から見て、侵略的な性格をぬぐい去っていないどころか強めている様子すらある。それゆえ北朝鮮の核武装には、いろいろな形で反対なり制裁なりをしなければならない。が、しかし、戦後日本のように六十何年にもわたって、侵略性がどこにもないような国家は、持つべきかどうかは政治論だとしても、少なくとも権利論においては、核武装の資格を持っているのだ」

　そうすると、よくテレビに出てくる若手の山本一太議員が次のように反論してきたのです。

「では、あなたは、北朝鮮が侵略的な国家ではないと認定される段階になったら、北朝鮮は核武装をしていいと言うのか」

　僕は「当たり前だ」と言いました。

　そうしたら、「もう一つ質問があります。アメリカが侵略的な国家だということを認定されたら、アメリカは持ってはいけないのか」と言うから、僕が「当然です」と言ったら、場内がシーンとして、質問した本人もシーンとして、異なことを言う変な知識人がいるということで、そこで話はおしまい。

　つまり僕が言いたいのは、この程度の単純な論理すら通用しなくなってきているのです。話がどこでちょん切れているのか、隠されているのか、歪《ゆが》んでいるのか分からないぐらい、核に限らず日本の国防論議はおかしくなっています。

第5章

急接近した米中時代、日本の生き筋を摸索する

行き詰まったアメリカの単独覇権　【宮崎】

オバマ大統領が「チェンジ」と言って登場してきて、当選したからには少なくとも約束事の一つくらいは、最初に実現しなければいけないという強迫観念にとりつかれる。なにがしかのチェンジのイメージを出さなければいけないから、「イラクからはもう撤退します。しかしアフガニスタンは必要な戦争だから、アフガニスタンには三万人増派します」となりました。煎じ詰めて言えば、しかしこのやり方は戦後のアメリカ外交の延長線上にあるものです。世界のヘゲモニーはアメリカが持っていると。これはアメリカ流の平和維持活動が世界の共通認識だと押し付けているわけです。

ここにきて相当アメリカが変わる予兆が出ているのは、戦費の問題が一番大きいと思います。この八年間で通常の国防費年間四千億ドルに毎年、プラス三千億ドル増（イラク、アフガニスタン関連）ですから、八年間の追加戦費を単純計算してゆくと二兆四千億ドル。その結果、自ら経済覇権を失い、次には通貨覇権を失いかけ、今や外交覇権もどうやら怪しくなってきました。ヨーロッパとロシアと中国の力に頼らざるを得なくなっています。

ここまで追い込まれているにもかかわらず、まだ単独の覇権が可能であると幻想を抱いたままに、アフガニスタンに介入を続けているのですが、これからは政治的ばかりか経済的にも相当追い込まれると思います。為替レートは、一ドル＝九十円を切りました。一ドル＝五十円くらいになっても不思議ではありません。そこまでなった時に、もっと劇的な路線変更をやってのけるのではないか。それは日本にとっては非常に危機的な問題になるのではないか。

最近、田久保忠衛さんが「日米関係は米中関係の従属関数だ」と言い出しました。あれだけのアメリカ通の人が言うのだから、間違いなくそうなのでしょう。アメリカは中国と大幅な軍事的連携、もしくは同盟を組んでいく気配が濃厚なのです。そこまで見通す現況において、日本はインド洋での給油支援がどうのとか何かつまらない議論をやっていていいのかな。

もっと戦略的なレベルの議論をしなければいけないのに、いったい全体、日本という国をあげての劣化。どうしたものかと思います。

外れた「米国一極支配」の予測

【西部】

元を正すとイラク戦争の直後、僕は残念だったのですが、国防・外交問題でさまざまな意味でのリアリズムを貫いてこられた人たちが、ほんの半年、一年だったとは思うけれども、一斉に世界秩序はアメリカの一極支配（ユニポーラーシステム）に収《しゅう》斂《れん》すると言い出しました。ネオコンが華やかなりし頃、そうした見解が一斉に出ました。

僕は自分の雑誌で、その頃大きな座談会をしたときに、軍事問題としては非常に独特なことを言っておられる兵頭二十八《ひょうどうにそはち》さん、非常にシャープな論評をしている文芸評論家の福田和也君、その二人が声をそろえるようにして、当初の段階ですが、とにかくアメリカは圧倒的な軍事力を持っているんだ、これにはかないっこないんだ、アメリカの挙動についてあれこれ論評するのは論外の話なんだ、ということを言われたのです。

僕はそれを怒っているわけではありません。多くの日本人の気持ちの代弁とも言えるので、宜《むべ》なるかなの発言ではあるのです。確かに武器のことを言えば、たとえば核兵器で言うと、だいぶ前は七千発持っているはずだと言われて、近々になると一万発はあるはずだということで、それを核軍縮で五千に減らしたところで日本は零発なのだから、五千も持っていれば「怖い、怖い」という話です。しかし、兵器、軍隊でもいいのですが、人間がやっている戦略であり戦術である以上、その国の基軸である貨幣や経済の力とか、外交における政治の力とか、あるいは文化的な説得力とか、そういうものと絡み合って人間の軍事も動いているわけです。そうであれば、アメリカが兵器そのものとしては巨大なマンモスみたいなものを貯えたとしても、それが必ずしもユニポール、世界の一極支配にはつながらないはずだと、僕はそう思ったから、一生懸命、アメリカのイラク問題についての批判的な論評、そしてそれに巻き込まれていく日本人に対する批判的な論評をやってきました。

僕は過去を振り返るということではなくて、案外、軍事のリアリストたちもこの程度のことでひっくり返ってしまうのかと考えたときに、やはり軍事問題、戦争問題というのはものすごく総合的で、人間の感情論から国民の活力論から今の文明の段階論に至るまで、そこそこ全部押さえたうえで論じなければいけないのだなとつくづく考えさせられたのです。

迫りつつある「米中同盟」の時代

【宮崎】

第一次湾岸戦争で、アメリカは四日間の空爆をやってイラクの十数万の軍隊を壊滅させました。ファオ半島のつけ根にあるバスラからバグダッドへ向かう道は戦車、装甲車の瓦礫と夥《おびただ》しいイラク兵士の焼け爛《ただ》れた死体でした。二次のイラク攻撃の時も短期間でイラクを圧倒しました。巡航ミサイル「トマホーク」のように千数百キロ離れた所から発射して正確に目標に着弾するハイテク兵器の陳列を見たときに、軍事力に天地の差があることが分かって、みんな錯覚したのです。ネオコンのロバート・ケーガンは、アメリカの軍事力と畏怖、この二つによって「リバイアサン国家」が復活して、世界はこれからアメリカ一極の下に安定するという強気の論陣を張りました。リチャード・パールもそうです。もう一人、フランシス・フクヤマは『歴史の終わり』*（三笠書房）を書いて、これでアメリカの価値観の民主主義によって世界は一つになる、ここで歴史の進歩は終わったという、噴き出すようなことを言い出したら、その亜流の日本の学者がごろごろ出てきて、第二の中世だとかおかしなことを言っていた。

ブッシュ・ジュニアの政権の初期はネオコンが完全に支配していたのに、二期目になったらネオコンはみんな消えて、ホワイトハウスから誰もいなくなってしまいました。それで戦争は泥沼、通貨は〝ドル沼〟ということになるのですが、今の一年は昔の世界史における百年くらいのことをやっているわけで、この先、ものすごく急激な変化がやってくるだろうという予兆をずっと感じています。

シナリオはいろいろですが、具体的に言えば、まずイラクがシーア派に取られてしまう。アフガニスタンはおそらく「タリバニスタン」になるでしょう。アメリカが屈辱を味わいつつ撤退せざるを得ないとなったときに、ここで世界秩序がどう変わるかです。かなり強く中国の役割が出てくるでしょう。いま中国が一番得をしていて、イラクとアフガニスタンに一兵たりとも派遣せず、一方においてアメリカの兵力、軍事力は弱まっているから、相対的に中国の軍事力は格段に高まっています。ロシアも衰退したとはいえ、核兵器を持っていますし、軍事力も強大ですから、この中国とロシ

＊『歴史の終わり』
ソ連・東欧の共産圏諸国が雪崩を打って崩壊し、東西冷戦が事実上終結した直後の一九九二年に原著が出版された。原題は「The End of History and the Last Man」で、「歴史の終わり」は邦訳書のタイトル。

アが「上海シックス*（上海協力機構）」で連合して、冷戦時代、西側のＮＡＴＯ（北大西洋条約機構）に対峙した東側のワルシャワ条約機構のように、今や中国主導の上海シックスが対欧米の軍事バリアになりつつあるのです。日本の軍事評論家はあまり論評していませんが、まさしくそんな性格を秘めているのです。第一に軍事的な極が変わってくる。第二に、経済覇権においてもはやアメリカの時代は終わりました。戦後のアメリカ支配を確立させたブレトン・ウッズ体制が間もなく終わるでしょう。ドル基軸が終わるわけだから。そうすると世界銀行とＩＭＦ（国際通貨基金）は改編せざるを得ません。中国が狙っているのはＩＭＦの中における中国の主導権です。そのためにドル基軸に代替する形でＳＤＲを通貨にせよと言い出して、わずか一年でＳＤＲ建て債券を発行し、なおかつＳＤＲの通貨バスケットに中国の人民元が入ってきて、もう何年かしたら一割ぐらいのシェアは取ろうというところまで来ています「宮崎後註　この予測通り中国はＡＩＩＢ〈アジア、インフラ投資銀行〉を設立し、二〇一六年十月一日から人民元はＳＤＲ入りした」。

　ここまで来ると、外交はリアリズムだから、国益優先で昨日の友を裏切ったとしても、自分の国を守るためならそれは許される行為です。そうすると、アメリカにとって日米同盟はもはや何ほどの重要性もないのです。たとえ相手が共産主義であれ、人権を弾圧している国であれ、アメリカは握手する時はしてしまう。ヒトラーだって目の前のこぶをやっつけるためには、もっと悪魔のソ連と平気で握手したのですから。繰り返しますが、日米関係はいまや米中関係の従属関数、ひょっとして、日米安保条約はアメリカ側からの一方的通告で廃棄されるという、考えられないシナリオにも対応できる日本にしておかなければ。いよいよ日本に国家存亡の機が訪れようとしています。

＊上海シックス
中国とロシアに中央アジアのカザフスタン、キルギス、タジキスタン、ウズベキスタンが加わった計六カ国から成る連合体。一九九六年に「上海ファイブ」として発足し、二〇〇一年にウズベキスタンが加わって現在の形になった。モンゴル、インド、イラン、パキスタンがオブザーバーとして加盟しているが、アメリカはオブザーバー加盟を拒否され、排除されている。

国益の相克・葛藤の場に変じた国際社会

【西部】

あの時日本では、平沼騏一郎《きいちろう》首相が「ヨーロッパ情勢は不可解なり」と言って辞めてしまいました。

僕も素人ながら、世界秩序において同様の近未来を想定せざるを得ません。もう少し概括的に言うと、世界はほんのいっとき、リベラル・デモクラシーの下で世界が秩序化されていくという意味で最高の価値に到達したのだから、もはや価値をめぐる矛盾はなくなり、ヘーゲル的に言えば、矛盾が歴史の発展をもたらすというのがヘーゲル的世界観なので、矛盾がなくなった以上は歴史の終焉《しゅうえん》である、と。フランシス・フクヤマが言ったのはそういうことです。彼は後になってそれを取り消したようですけど。

それはともかく、そんなことは本当にファンシーなおとぎ話であって、前に言ったことの繰り返しですが、自由だ、民主だと言ったところで、少しでも実質を考えれば、それらはその国なりその地域なりのナショナリズムを引きずってしか存在し得ないものです。そういうことを考えたら、いよいよこれからは、アメリカをはじめとして、中国であろうがロシアであろうがヨーロッパ連合であろうが、おのれのナショナリズムを振りかざして、あるいはそれを持ちつつ出したり隠したりして、一種のステーティズムによって相互にぶつかり合うという動きが起こってくるでしょう。

ステーティズムは、僕が作った言葉でもないのですが、この場合のステートは限定された意味でガバメント（政府）のことです。もっと広く言うと統治機構で、当然、軍事機構も入ります。

そういうインスティテューションとしての政府、統治機構が、荒海と化しつつある世界情勢の中にあって、それぞれの国の国民をぐいぐいと、ある種の主導力を発揮しつつ引っ張っていかなければ国家がもたないということが出てきて、それゆえ国際情勢は異なれるステーティズム同士の相克、葛藤の場となっていくに違いありません。アメリカも中国もその他の国々も、到来しつつある歴史の新段階としてそのことを押さえています。ほとんど独り、目をつぶったままでいるのは、日本民族だけなのです。

リビング・ブッダとして珍重される国　【宮崎】

逆説として、信じられないほど幸せなのがこの日本という国の国民です。ですから、時々ジョークで言うのですが、あらゆることを許して、あらゆることに平和を唱えて、平和の斡旋までする日本は、ダライ・ラマみたいな存在である、と。国際政治における極めて珍しいリビング・ブッダ、活仏《かつぶつ》なのです。

オバマ大統領がノーベル平和賞をもらった時に、本当に喜んで提灯行列をしかけたのは日本だけです。アメリカでさえ、みんな猜疑《さいぎ》心の塊になって、もしくは議論が分かれています。世界的にはノーベル平和賞が笑いものになったりしている現実もあるのに、オバマが「核兵器なき世界」と言うと、日本は「核なき世界」というふうに「兵器」を取って、空想の世界に舞い上がってしまう。そういう意味で、理想主義がある時にキュッと収斂されてしまう。日本の政治の大きな特徴です。

最初の湾岸戦争では尻ぬぐいをさせられて、お金も大金を取られた。第二次イラク戦争の時には水を運んで、外国の軍隊に守ってもらって、男としての恥をさらしたうえ、道路建設、学校建設、病院建設にお金を取られた。いまアフガニスタンはまだ戦争中ですが、アフガニスタンの警察の給料の半分、警察は八万人いるので、四万人分の給料は日本が出して貢献しています。そのアフガン警察が守っているのはアフガン最大の銅鉱山を開発している中国企業です。そうやって日本は活仏として大いに活用されています。

ガンジー主義とは似て非なる日本の平和主義

【西部】

世界はおそらく、こういう日本の非常に素《す》っ頓狂《とんきょう》な振る舞いを、それなりにうまく利用するでしょう。ステーティズム、つまりミリタリズム（軍国主義）を内に孕《はら》んだステーティズム、要するに政府主導主義という形でそれが国際的にぶつかり合うとき、みんなやはり怖いはずです。アメリカといい中国といい、いつ相手が自分を裏切るだろうかと不安で仕方がない。その時に、極東の日本列島というところから活仏、生けるブッダが登場して、平和を唱えて歩くわけです。そうしたら世界が、おのれ自身、恐怖を抱いていますから、「お、活仏くんよ、ひとしきり、そのあたりを歩いていてくれ」と言って、世界各国は苦笑しながら、表面上は微笑を浮かべて、日本の活仏くんをほんのいっとき、存在を許すのでしょう。それはおもちゃのように扱われるということです。日本人はそういうふうになりたいのでしょう。

同じ日本人として心が痛むというのか、思わず知らず憤りを覚えざるを得ないのは、インドのガンジーの場合なら、それなりの歴史的経験と経緯があって、十八世紀半ばのプラッシーの戦いから数えて百七十、八十年の植民地支配を経たイギリスと戦うために、非暴力、不服従を体を張って実践しました。ふんどし一丁になって戦う。打たれても殴られても殺されても前進をやめないという、正真正銘の活仏みたいな存在でした。

ところが、当のインド人自身がガンジーを殺し、その後、転々ときて、例の国民会議派のネルーすらもが、非武装でやってきたのは間違いだったと漏らしながら、とうとう今となれば、核武装までしてしまったという経緯があります。

いずれにしても、生き仏にも似たガンジー一派の非暴力とは、ある意味では暴力そのものでした。その暴力という意味は、武器を持たない人間が殺されても打たれても前進を続ける、その姿にイギリスの官憲は怯《おび》えたのです。まだ殴らなければいけないのか、まだ打たなければいけないのか、と。ところが、いま日本に登場している活仏、すなわち平和主義者は、それとは全然違います。「すごいぞ。あいつらは何も持たずに、殺されても、傷つけられても、世界中を行進して歩くぞ」などというそんな度胸も覚悟も何もない。言葉だけ、お金だけ。アフガニスタンの警察の給料なら出しますよ、といった程度にすぎません。

でも、それとて、日本はまだ少々余裕があるから出しているだけです。余裕がなくなったら、一体どういうことになるのか。日本人は今、何といっても食うことにしか関心がないのですから。最近は「子供手当」とか称して、まずそれを優先しろと要求してくる。僕からすれば、子供の面倒くらい子供を生んだ男と女が面倒見やがれと言いたい。それどころか、保育園費も払わず、給食費も払わないでパチンコをやっているような、今の日本の父親、母親の一割か二割か知りませんけど、そんな人間に子供手当を配ってどうするんだという気持ちが強くあります。そんな有様ですから、財政に余裕がなくなったら、世界に配って歩く金がなくなったら、日本人は「私の生活をどうしてくれる」「赤ん坊のミルク代どうしてくれる」と言ってわめき立てるに決まっています。その途端、日本の活仏、生ける仏の言葉とお金が、丸っきりの、当座しのぎの猿芝居だったということが世界にばれるわけです。そうなれば、日本人は心底、軽蔑されるのでしょう。

そう考えたら、だんだん日本民族に対する嫌みとか、反左翼の人たちが嫌う自虐現代史観になってしまうのですが、今やとんでもない状態にまで日本民族のレベルが落ちていることが国防問題に如実に表れているのです。

日本の自立のための三大方策

【西部】

これから日本はどうすべきかという問題は、僕自身は及ばずながら、随分前から考え続けているのですが、本当に簡単なことなのです。要するに核武装したらどうなんだという、それが一つの結論です。単に議論してもいいという亡くなった自民党の中川昭一さんのような立場*――あれは政治上致し方なく、議論ぐらいいいのではないかと出したのですが――とは違って、僕の場合は知識人の端くれですから、もうちょっと積極的に、持たざるを得ない状況なのではないかということで、核武装の必要性を、誰から嫌われようが孤立しようが言い続けます。

＊核武装の議論
安倍内閣当時の自民党政調会長だった中川昭一氏は、二〇〇六年十月に北朝鮮が地下核実験を行うと、日本の核武装について「議論は当然あっていい」と述べた。ところが、北朝鮮の脅威がクローズアップされた時点での発言で、中川氏自身は「非核三原則を守る」と明言したにもかかわらず、与野党の有力議員から厳しい批判が相次ぎ、核武装論議は封印された。

二番目に防衛費。正確にGNPの一パーセントなのかどうか知りませんが、僕は全然分からないものだから、この十年くらいは倍増と言ったり、時々面倒だから三倍増などと言ったりして、二倍がいいか三倍がいいかは宮崎さんに決めてもらいますが、いわば飛躍的に多くの金を使って、出来の悪い両親の、甘えん坊の子供に金を配っている暇があったら、国防費を倍増、三倍増することはどうなんだということを言い続ける。

三番目に徴兵制。青年婦女子に対する教育上のこともありますけど、これは青年に限らず、弱く言えば老人も含めて、国民たるもの国防に参加する義務があると憲法で謳うべきで、まずそれをやって、その一つの具体例として徴兵制の必要について考えてみよと言い続ける。

まとめれば三本です。核武装の問題、防衛費の拡大の問題、国防義務の問題。それを政治家が言わないのならば、知識人が何回でも繰り返すしかありません。僕は七十歳ですから、あと五、六年で頭が壊れるのではないかと思いますが、酒の飲み過ぎもあるけど、そんな予感があるので最低限五年、長ければ十年、言い続ける。そういう一群の人間がいれば、少しはどうにかなるのかなと、希望、期待を紡がざるを得ないのです。具体的にどうするのかと言われても、そのことしか見つからない。

中国の脅威が増し、核不拡散体制は崩壊する

【宮崎】

日本が今から核を持つとなると、ものすごくお金がかかります。それは全公務員が給料の一割を捧げる、国民からもカンパをつのるという大々的な官民あげての運動でもしない限り、経済的にかなり難しいです。ただＧＤＰの三パーセントにするか五パーセントにするかは結果論で、別に数字にこだわる必要はないと思います。決意をしたときに、まず防衛産業の裾野を広げていかなければいけない。

今の日本の技術力から言えば、当然独自の戦闘機も造れるし、場合によっては航空母艦も造れるわけです。では、それにいくらかかるかとなると、想像を絶するものがあります。一番簡単なのは、予算が苦しくて一隻や二隻売りたいようなところがあるでしょうから、原子力潜水艦はロシアから買いなさい、核兵器はパキスタンあたりから秘かに買えばいい、中古市場があるのだから。

シミュレーションを重ねていくと、アメリカの力が後退して、今後生じる劇的な変化は、やはり中国とアメリカの関係において起こるだろうと思います。中国は十年以

内に空母を二隻造る体制に持っていこうとしているうえ、核戦力も十分すぎるくらいあります。核弾頭は二百数十発ある。しかも中国の開発は後発組ゆえに、一基のＩＣＢＭに十発から十二発を搭載する多弾頭型だから、費用対効果ではなく戦力の効果比でいくと、ものすごいことになる。

アメリカとロシアが今、核軍縮とか戦略核の削減と言っているのは、旧来の、もう役に立たない単発の兵器が多いからです。しかし地下のサイロに隠すなどして持っているから、管理コストがやたらとかかって困るのです。ロシアはもっと露骨で、旧式のＩＣＢＭを廃棄して、その中にあるプルトニウムを取り出して原発の燃料にしようとしています。そうすると売り物になって、日本にも売れるかもしれない。そういうことを考えています。ロシアにしてみれば二千発も持っていれば十分で、アメリカだって五千発も持っていれば、それでも地球を四十回くらいぶっ壊してもまだ余るくらいの戦力です。

ただ、相対的に中国の核戦力が増すことになるのは事実です。中国の軍事力は非常に強くなるでしょう。アメリカの一番の恐怖感はそこにあります。そこで、何をするか分からない国とは軍事交流を始めたほうがよいという方針に変わりました。今盛んに軍艦の友好訪問をやり出して、中国軍の首脳をアメリカに呼んで意見交換することも始まっています。これは非常に大事なことで、人間関係をつくって、フランクな話をしているうちにジョークが飛び出して、本音が聞けるわけです。実際中国軍高官が、アメリカ太平洋軍の司令官と話している時に「太平洋の支配海域をハワイの東と西で分けませんか」と言ったそうですけど、あれはおそらく中国の本音です。

もし十年以内に中国が空母を二隻持つことになると、空母は動く空軍基地ですから、東シナ海に一隻、南シナ海に一隻あれば、アジアの海は完全に中国の海になります。そこまでの政治力の変化が射程に見えてきたら、次に日本が対応すべきは何かということも、当然分かるはずです。

アメリカも神経を高ぶらせているもう一つの難題が核拡散の問題です。パキスタンのような民主主義とは言えない、シビリアン・コントロール（文民統制）が全く行き届かない国があって、あそこはブット（父）の時からそうですが、大統領も首相も軍をコントロールできていません。軍が暴走して勝手に核兵器を造ってしまい、当時のブット首相が知らなかったのです。現大統領のザルダリも軍へのコントロールが及びません。軍はアンタッチャブルな存在になっています。インスティテューショナル・ガバメント（機関としての政府）は、アパート・フロム・ミリタリー、つまり軍の遠隔操作さえできない。

何を言いたいかというと、これからタリバニスタン化するアフガンと無政府状態のパキスタンという状況下、いったいパキスタンの核管理を誰がするかということです。

アフガンが暴発して無政府状態になり、その波がパキスタンに押し寄せてきました。これからパキスタンが手をつけられない無政府状態になったときに、核がどちらに流出するかです。パキスタンの核開発はサウジアラビアが胴元だから、おそらくサウジが半分はもらう権利があると言い出すでしょう。イランは今、もちろん核開発をやっていて、核兵器をおそらく五年後くらいに持つとすれば、当然、周りの国も持ちます。持たなければ生存に対する不安が残りますから。

アメリカが戦後支えてきたブレトン・ウッズ体制が壊れつつあり、さらに核拡散防止条約の体制が壊れつつあり、そうなると近未来の世界はどうなるのかという深刻な問題になってきます。何とも不気味な予測しかできませんが、ひょっとしたらアメリカだって分裂するかもしれません。

世界がこれほどの危機に瀕しているというのに、日本は何をやっているのでしょうか。

人も国家も強者には及び腰となるもの

【西部】

　核や一般に軍事の問題を考えるとき、僕が大事だなと思うのは、人間および国民の心理学です。相手が核を持っている、あるいは強大な武器の集積があるとなった場合、確かに核兵器をはじめとする大量破壊兵器はそう簡単に使われないものですし、日本がよほど挑発的な行動をしない限り、めったに使えないものです。ところが、人間というのは個人も国民も、相手が莫大な金を持っているとか膨大な武器を持っているとかが分かると、持っていない側は否応なく臆病になり、遠慮を持って行動せざるを得ないという、当たり前の心理的力学が始まるのです。

　中国は日本にいつでも核ミサイルを発射できる態勢を整えている。こうなった場合、日本の外交は、経済外交、文化外交まで含めて、結局は中国に対して及び腰となり、相手の無理難題を致し方なく受け入れるという局面が起こってきます。そういうことは、実は自分自身の単純な日常生活を振り返ればよく分かるはずのことです。

　これは金だけではなくて地位もそうです。社長でも重役でもいいですが、相手が高い地位にあれば、その前ではヒラたる者、この重役は大したことないとか、品格においても劣るところなかりしかと思っていたとしても、必ず遠慮して、ぎりぎり会社を辞めるまでは我慢するものです。そういう素朴な心理学が国際外交の心理学として出てくる。もちろん、その背後には、ひょっとしたら相手が武器を使うかもしれないという恐れがあるかもしれない。しかしそこまで言わなくても、相手が強大な武器を持っていたら、それだけで持っていない側は遠慮するものだ、そして遠慮した結果、さまざまなる不利益が自分に襲いかかるものだということ、実はその程度のことすら今の日本では、国民レベルは元より政治レベルでも全く確認されていないのです。

武器輸出解禁を景気浮揚の突破口に

【宮崎】

元航空幕僚長の田母神《たもがみ》俊雄さんがいみじくも言ったのは、核を持たない国は核を持っている国に究極的には屈服せざるを得ない、ということでした。オプションは限りなくあるように見えて、実は究極の場面が来たときには核武装しかありません。ところが今の日本の官僚、特に外務省、防衛省、それから財界がそうなのですが、無手勝流で何とかなると思っているのです。一つ例を出すと、孫崎享《まごさきうける》さんが書いた『日米同盟の正体』（講談社現代新書）の中にこういう表現があります。

「中国経済が国際経済に組み込まれた今日、日本への軍事攻撃は日中貿易を途絶えさせる。当然中国は莫大な経済的損失を被る。他の国も中国との関係を差し控える。これらの被害は中国国民が受容できる限界を超える。つまり中国経済を国際経済に組み込むことは、じつは日本の安全保障に貢献する措置でもある」

これは論理のすり替えです。今の財界主流とか官僚の主流は、それでもって中国にのめり込む論理の防波堤に使っているのです。究極的なことは何も考えない。もっと正確に言えば、明日はどうなろうと今日さえ儲かればいいという感じでずっと来ているということです。

防衛産業への梃入《てこい》れは、日本が政策を変えれば今の不景気を突破する切り札になり得ます。政策発動ですから、あらゆることが可能です。たとえば戦車も、今は限定的なものしか造らないので、一台の戦車がものすごく高くつく。飛行機の場合も、F15は他の国が日本円にして百十億円くらいで買っているのに、日本は三菱重工がライセンス生産で造って一機二百三十億円もかかっています。そんなことをしていないで、いずれも量産して、いいものを海外に輸出すればはるかに安くできます。そういうことも含めて防衛産業の立て直しをやれば、経済に与えるインパクトは非常に大きいと思います。

それから徴兵義務。日本国憲法には納税の義務しか書かれていませんが、他の国の憲法には、納税と徴兵もしくはボランティア活動の義務が謳われています。日本人は何もしなくてもいいし、納税しない人にも選挙権があり、福利厚生も要求する権利を持っている。これでは、義務を果たさない国民が増えるのも当然ではないでしょうか。

少し脱線すると、民主党政権の「子供手当」はいったん決まると、次は増額するでしょう。じきに母子家庭は倍額にしますなどと言い出すに決まっています。こんなことをやっているといずれアメリカと同じになって、〝母子家庭産業〟が出てくるかもしれません。向こうは誰とでも子供をつくって、シングルマザーであれば悠々と食べていけます。そういう女を何人も持って、毎月集金して歩いている男がいるくらいです。月七百五十ドルぐらいですか。日本もそうなりつつあるようです。怖いことです。

徴兵義務は、理想的には賛成です。子供を軍隊に送り出した母親は、国防に目覚めるし、世界情勢が分かるようになります。それから、三十五歳、四十歳を超えた人が軍隊に行くわけにはいかないので、そういう人たちは民間防衛に従事させて、日頃から民間でも何ができるか、兵站《へいたん》の支援とか後方支援とかいろいろあるわけですから、その訓練もスイスのように日常的にやるようにすべきでしょう。

その前にもっと大事なことがあります。自民党を叩きつぶすと小泉さんは言いましたが、今の自衛隊も日本を守るという根本に根ざした軍隊にするために、一度叩きつぶす必要があるのです。比喩として申し上げますが、今の自衛隊は官僚組織で、背広組が政治将校のように制服組をにらみつけて、あれをするな、これをするなと言っています。これでは駄目です。一方で、現役の軍人たちは頼りになるかというと、彼らは頭の中が完全にアメリカ一色に染まりきって、アメリカの作戦の補助だけすればいいというムードになっています。本来の国防を考えているとはとても言えません。本当は国軍を作って、基本を組織的に再編しなければもはやどうにもならないのです。

そこでもう一遍組織を作り直すか、国軍は国民の生命、財産および伝統と精神を守るときちんと謳わなければいけないと思います。これは明治維新のように十年かかる革命ではなくて、半世紀くらいかかるだろうと思っています。今のように駄目になるまでに六十年かかったわけだから、回復には六十年かかるかもしれません。

しかし、日本を真の日本の姿に戻すには、もはや絶望的にさえ見えますね。

第6章　核武装によって実現する、日本の自立と防衛

自衛隊は非常事態を引き受ける構えを持て【西部】

自衛隊には幹部候補生を対象とした研修があって、僕は研修講義に呼ばれたら、国民の義務だと思って必ず行くことにしています。イラク戦争の時にも行って、防衛大学生の卒業式だったのか自衛隊の入隊式だったのか定かではないですが、ちょうど三月か四月でした。僕はこのイラク戦争で間違いなくアメリカはひどいことになるし、日本もその煽《あお》りを食って、いろいろと国際的に恥をかくことになるだろうと話したら、質疑応答の際に、二人が声をそろえるようにして「強い者に巻かれてどこが悪いんでしょうか」と質問してきたのです。

それはもちろん、リアリズムから言えば、完全に間違えているとはいえません。強い者にむやみやたらに逆らって国益を損することもありますから、一概には言えないけれども、そういうことをケロッと言ってしまう神経には違和感を覚えます。国を守る兵士候補であれば、根本において、わが国民の平和と独立を達成するために、強い者に逆らってでも戦争をやってみせる、というぐらいの気持ちを持っていたら、そう簡単には出てこない台詞です。一体、防衛大学校でどんな精神教育をしているのかなと大きな疑問を持ったのが、今から七年前のことでした。こんな調子だから、確かに五十年かかるかもしれません。

今も年に二回くらい自衛隊に呼ばれるので、いささか僕も日和を見て、講義の締めくくりには、めくじら立てて言わずに、ジョーク交じりに、こんなことを言うようにしています。

「お願いですから皆さん、昔の軍隊には酒保《しゅほ》、酒場があったが、今でもあるでしょう。せめて酒保に入ったときには、『おい、そろそろクーデターでもやろうか』という話を盛大にやっていただきたい」

もちろんその時には、場内から来るのは笑いだけです。それはそれでいいのです。ただ、僕が言いたいのは、いわゆる国家の非常事態、エマージェンシーに対処するのが軍隊であるということ。非常事態とは、戦争がそうですけど、戦争だけに限りません。国内の治安も含めてのことです。ところが彼らは非常事態のことを全然考えていません。どうしてそうなったかというと、アメリカ軍の属軍としてやっているから、自分で非常事態を引き受けようという構えが出てこない。結局、そういうことでしょう。

もう一つ、今の憲法それ自体が非常事態の規定を持っていないという問題もあります。明治憲法にはその規定がありました。「戦時または国家事変の場合」（第三一条）に、天皇が非常大権を行使するという形で、非常事態法が憲法の中に含まれていました。

ついでまでに言うと、本来、非常事態という形で上と下に穴が空いているのが憲法体制です。下のほうは、自衛隊のクーデターでも何でもいいのですが、非常事態が生じた時に憲法を停止して、つまり憲法に従って作られている法律を停止状態にして、一時的に軍隊あるいは警察が出動して秩序回復を図るという形になります。憲法体制というのは絶対に完結してはいけないものです。

上のほうにも触れておくと、それは実は天皇のはずです。国家の非常事態に際しては、単に物理的に混乱が起こるだけではなくて、国民の価値意識や規範感覚が無秩序に陥ってしまうかもしれません。その時に、国民を統合する価値の象徴として、天皇がエマージェンシーに対応して、一時的に、万やむを得ず、政治の場面に登場する必要が出てくるのです。

天皇とは非常にマージナルな存在です。平時においては単なる文化的象徴として、江戸城でも京都の御所でも、しかるべきところにおわしますればそれでいいのですが、その体制自体が危機状態に入った場合は、二・二六事件や終戦の詔勅の時がそうであったかということはさておき、天皇は否応なく政治の場面に姿を現して、日本国民に対して何らかの象徴としての姿を示す必要があります。そういう形で本来、憲法体制は穴が空いていないといけない。ところがその両方とも、今の憲法には何一つ示されていません。

したがって、自衛隊がだらしないと批判する気は僕にはなくて、要するに今の憲法はアメリカの手で作られたから、かえってパーフェクトな観念システムになっていて、その中に安住すれば自分たちはいつまでも安穏でいられると戦後日本人が錯覚したのです。この国家には国内的にも国際的にも危機状態は訪れないはずなのだという幻想の中で、日本人は六十何年暮らしてきたわけです。

国家「戦略」室とは、冗談もほどほどに

【宮崎】

自衛隊では精神教育をほとんどしていません。防衛大学校のそもそもの設立の趣旨はエンジニアの養成、つまり理工系です。そうした経緯《いきさつ》もありますし、途中から防衛大学校に女性を入れ出したことで雰囲気が全然変わってしまいました。バンカラの雰囲気は全くなしです。午後五時に学校が終わるとクラブ活動がありますけど、女性の美人が走り出すと、みんなそのランナーズクラブに入って一緒に走ったりするのです。ロッカーを開けたらラブレターの山だとか。そういうのを見ていたら何がエリートだという感じです。

日本国憲法には戒厳令の規定がありません。だから治安出動もありません。確かにその世界に安住しているのだけど、突発的な事故は起きることがあります。いつでしたか、六本木にあった旧防衛庁本部に過激派が突っ込んで占拠する事件がありました。これに警察が出てきた。こんな屈辱的なことはなかったでしょう。軍隊の本部がやられたのですから、軍の中で射殺するなり何なりして収めるのは、他の国なら当然の話

です。

三島由紀夫事件の時もそうでした。三島さんたちが立て籠もったのは方面総監室です。軍の論理から言えば、どうして警察を呼ぶのかということです。しかも通常犯罪として刑事事件の扱いでした。信じられないことです。クーデターにしても、四十五年ほど前の三ツ矢計画は、議論をしただけで国会で問題になるという無茶苦茶な事件でした。

憲法について考えると、日本のような歴史の長い国は、大綱的なものを示せば十分で、あとは全部不文律でいいのです。イギリスのように。

ところが憲法に細かなことばかり書いてあるから、戦後日本は何をしたかというと、その条文の解釈だけで裁判をやってきているわけです。時間とエネルギーの壮大な無駄です。条文解釈などはみんな後ろ向きの話です。

要するに、与えられた課題は懸命にこなすのがわが国の特色だけれども、その上の戦略的発想が全く不得手な状況が今も続いているということです。憲法議論も防衛議論も経済議論もみんなそうです。

もっとも、アメリカでもそういう傾向が出ています。ストラテジー（戦略）ではなくてグランドデザイン。もっと言えば、ブレジンスキーに代表されるように、すべてがゲームプランになってきました。共和党も民主党も似たようなものだと思います。

日本はそのグランドデザインすらないのだから、ひどいものです。

菅直人さんが国家戦略室？　ひっくり返りますね。戦術室とでも言うなら、まだ分からないではありませんが。ホームレスを助けた活動家をその部署の顧問（政策参与）に入れたりして、こうなるとマンガより滑稽な世界です。

ＩＴ革命論とマニフェスト論は合理信仰の極致

【西部】

本当に今、マンガ国家が着々とできているのだという悲しい認識を骨の髄まで持ったうえでしか物事を論じられなくなっています。

戦略の英語であるストラテジーですが、元の意味は雄羊の叫び声なのだそうです。ギリシャ語は忘れましたが。ヨーロッパの地中海沿岸は岩肌が多く、そこで雄羊が岸壁に立って雄々しく吠えるわけです。日本人にとって羊は弱々しい印象がありますけど、やはり岩羊ですから、雌たちを守って、他の雄たちと喧嘩すべく雄叫びを上げるというところから、「ストラテジー」という言葉が出たようです。女子供を守るべく死を賭して戦う。これが雄羊の役割です。

もう少し言うと、昔飛行機の中で読んでいて非常に感激した話があります。コーカサス地方の岩羊たちは、老いて、もうこれ以上戦えなくなったら、岸壁に三日間ぐらいじっと立って、三日過ぎるとボーンと飛び込んで死ぬというのです。動物の死に方で最も素晴らしい死に方はコーカサス地方の岩羊であると、本当にそうだなと思ったものです。羊ですらそうなのですから、人間はもっとしっかりせえやと言いたい。

さらに話をずらすようですが、戦略もゲーム、机上のゲームになっているということと関わらせて言うと、日本人は今、経済を例に取るなら、アメリカ仕込みのＩＴ、インフォメーション・テクノロジーをまだ信じているようです。ＩＴ革命論のミソは、未来というものをかなり合理的に予測できる――合理的といってもこの場合、確率的なものですが――という科学信仰です。自然科学については、ある程度の予測はできるのかもしれませんけど、人間の歴史現象、国家現象については、未来を合理的に予測できるなどということはあり得ない、それはもう迷信なのだということが、実はあの金融パニックで暴露されたのです。

ところが、政治において、最近の日本は「マニフェスト」と言い始めました。マニフェストはもともと宣言という意味ですが、この場合は独特の意味があって、政策の数字と期限と段取りを具体的にイメージして、それを選挙民に問うという触れ込みです。でも、こんなことを問うたところで、現実に民主党政権が誕生して一カ月足らずのうちに、次々と「マニフェストは実行できません」と言っていることに見られるように、そんなことは全くの嘘話なのです。

ただ、政治の未来も予測できるという考え方は意外と深く広く浸透してしまっています。おそらくこの辺りから断ち切らないといけない。ましてや国際関係の、いざとなったら武器が使われ、殺人や殺し合いが起こりかねない局面において、そんなことを科学的に予測できるという精神のゲーム話は、しっかりと断ち切らなければいけない。それを断ち切った暁に、僕は言葉遊びも含めて、向こう様がＩＴと言うから、こちらはＨＯ、ヒューマン・オーガニゼーション、人間組織でいく。未来の予測できない危機に対しては、人間組織をもって対抗するしかないと思うわけです。

それの最も分かりやすいケースが軍隊です。軍隊という人間組織を強固に鍛えて、軍事には予測できないことが起こるだろうけれども、軍隊の組織をもって伸縮的にするということで、その場合にすぐ対応する、軍隊はそういうものとして昔からあったのです。

敗戦属国民族の、あくまでも対米の受け身の姿勢が、とうとう日本の国民精神の骨の髄まで抜いてしまったということがあるけれども、もっと深いものとして、一言で言えば近代主義、つまり未来は何らか科学的な形式なり数量なりによって的確に捉えることができるという発想――もちろん近代の時代である以上、他の国々にも強かれ弱かれ浸透してはいますが――を、日本は見事に信仰しました。

日本に近代主義を吹き込んだアメリカでさえ、一応そういうことは宣伝していて、したがって科学の国であり、技術の国であり、理性と合理の国ということになっていますが、見れば分かるように、金融方面で科学を駆使して大失敗したにもかかわらず、あれだけ戦争をやってきた国は、そんな簡単なゲーム話では済まないということを、とくに戦争において体験で学んでいるのです。

日本人はその体験が六十四年間断ち切られたものだから、世界の珍種として、経済におけるＩＴ革命論と政治におけるマニフェスト改革論を信じ込んだのです。でも、信じ込んだところで次々と破られているのです。にもかかわらず、信じ込む以外に自分たちの精神の支えがないというところまできてしまいました。こればかりは、無責任に言いますけど五十年、いや百年ぐらいかからないと、この国民精神の当たり前の心棒は取り戻せないのではないでしょうか。

常に戦争を必要とするアメリカ

【宮崎】

雄羊の叫び声、ストラテジーにそういう由来があるとは、非常にいいことを聞きました。まさしくそういう決断、もっと言えば、最終の死を飾る決断とでも言えばいいのでしょう。象も死に場所は分からないといいます。ヘミングウェイの『キリマンジャロの雪』では、キリマンジャロのてっぺんでヒョウが死んでいるのです。なぜヒョウがそんな高みにまで来たのか分からないとヘミングウェイは書き出すのですが、そこが死に場所だったのかもしれません。

人間組織としての軍隊というご指摘がありました。軍には存立理由があるけれども、常に実戦経験を積まないと世代交代が起きて、軍は滅びてしまいます。中国の軍が実はそうなのです。朝鮮戦争以来、あの軍は対外戦争をしていません。中越戦争は華南の部隊が行っただけの地域限定戦争でした。そうすると、肥りきった官僚機構の中で、日本の自衛隊と同じようにサラリーマン化していきます。

アメリカは常に戦争をしているから、非常にビビッドな軍です。そのうえ、軍の中にグリーンベレー（米陸軍特殊部隊）や海兵隊《マリーン》などエリートの層があって、ヒエラルキーがはっきりしています。そうすると戦う時も非常に強いし、精神も大事ですが、装備とか給与という条件もモラル、士気に影響します。その両方をアメリカは持っています。

しかもあの国は今でも一神教ですから、イスラムの一神教は許せない。民主主義という一神教を世界にばらまいて、そうすると抵抗されるのは当然なのですね。

ニクソン政権の時から、アメリカも徴兵制から志願兵制に変えました。志願にすると、白人のエリートはあまり行きません。失業同然の人が入ってきたりしますが、それでも兵力が足りないから、今度は外国籍の人もどんどん入れて、何とか回してきました。

しかしここにきて、イラクとアフガンという二つの戦域で同時に戦争を遂行しているわけですから、兵力が全く足りないという事態が生じています。そうすると、今度は戦争請負産業が出てきて、これの代表格が、ブラックウォーター社（現社名はXE社）で、CIAの下請けも引き受け、テロリストの殺人、誘拐も業務としているからすごいのです。猛者《もさ》は兵隊役を二年くらいやって終わると、すぐに移ってきます。民間企業が実は警備、兵站、後方支援、大使館の警備をみんなやっているわけです。給料はべらぼうにいい。この利権構造を維持、継続させるためにも、常に戦争が必要になります。アメリカには他に産業がありませんから。兵器・航空機産業と農業が主で、物作りがないので、あとは戦争産業しかないといういじわるな見方も成立するわけです。

公共精神の持ち主たるべきシビリアン　【西部】

日本の場合、たとえば「シビリアン・コントロール」という一つの言葉すら、的確に押さえていないと思うのです。日本人はシビリアンの意味を単に民間人、軍人ではない人だと思っていますが、もともとシビックは、パブリックと同じで公共精神の持ち主を意味します。つまり、ギリシャでもローマでもそうなのでしょうが、その国、ギリシャだったら都市国家ですけど、その国の国民として当然持つべき国家に対する忠誠心その他のパブリック・マインドを持った人たちがシビックなのです。ですから、英語の辞書ですら、たとえば一般市民のことをシティズンと言いますが、その第一の説明は「国家に忠誠を誓うこととの引き替えで、国家に保護してもらう権利を手にした人々」となっています。国家にとって必要な公共心ということがあって、それがもともとのシビリアンの意味です。

そうすると、軍隊のシビリアン・コントロールと言ったときには、軍人がそのままの形で政治に口を出すと、軍隊は巨大なＨＯ、人間組織ですから、軍隊の個別の利益のために国家の政治全体を動かしかねない危険性もある。したがって軍籍を離れる必要があるという、それくらいの意味だったはずです。もう一つ、大臣を辞めた後に元の軍隊に戻ったのでは、軍隊の個別利益が息を吹き返すから、いったん辞めたら再び軍籍には戻れないということもあったほうがいいですが、ともかく、たかだかそれくらいの意味です。

ところが、今の時代は軍隊の総指揮官が軍事経験を持たない人になってきました。前に触れた石破茂さんの『国防』（新潮社）を読んだ時に、あの厚い書物の全体に漂うのは一種の軍事オタクのムードで、兵器モデルを孤独に自分の書斎でいじくっている民間人という印象が全ページにあふれていました。そういう人物が、今や軍隊という巨大な人間組織の長となるところまで来てしまいました。戦前のように、軍隊の長は海軍大臣なり陸軍大臣なりを兼ねるというのは、そして天皇の統帥権の下に服して議会や内閣のコントロールを受けないというのは、かなり大きな弊害はあると思います。しかしシビリアン・コントロールの本義は、公共心を持った代表者によって、しかし軍籍から離脱した人によって、軍隊を統御してもらおうということだと思うのです。

こんな初歩的な言葉でさえ、こういう議論を始めなければならない現実があります。でも、始めるきっかけすらどこにも見つからないのです。

軍を知る防衛大臣がいない悲劇 【宮崎】

シビックとシティズン、今非常にうまく説明していただきました。日本人は車の名前と時計の名前は知っていますが、根源的なことは分かっていません。

アメリカの国防長官を見ても、ラムズフェルドもチェイニーも軍の経験がちゃんとあります。職業軍人ではなかったマクナマラにしても、まだ徴兵制のあった時代ですから、軍というものをそれなりによく知っていました。

日本の歴代防衛大臣はというと、語るも涙ですが、軍のことを分かっている人はほとんどいないでしょう。軍人経験があって防衛大臣をやったのは中曾根さんくらいではないでしょうか。中曾根さん以前にはいましたが。坂田道太さんが防衛庁長官の時に、後にレーガン政権の国防長官となるワインバーガーが来日して、表敬訪問で当時の防衛庁で話し合ったのですが、確か一時間のうち、坂田さんは四十分、教育の話をしていたそうです。文部大臣の時代が長かったから仕方ない面はあるにせよ、いくらなんでもひどい。ワインバーガーも呆れ返ったという話を同席した人から聞きました。

日米の防衛の話をしようというのに、教育の話をしていたというお粗末な実態です。それぐらい牧歌的な時代だったともいえます。

「核による予防的先制攻撃」の禁止と核武装

【西部】

核武装についてもう少し論じてみようと思います。まず確認しなければならないのは、核廃絶が世界で行われたら、それが最も恐ろしい瞬間であるというロジックを押さえるべきです。なぜならば、仮にアメリカとロシアのそれぞれ一万発近くも、中国の二百四十発のものも全部解体されたとしても、核兵器に関する知識そのものは廃絶不可能です。そして、誰かが、たとえば宮崎さんが核兵器を密かに作れば、極論すると、世界は宮崎帝王のもとに服従しなければいけなくなるからです。そういう恐ろしい段階まで文明が来ているということを、まず押さえなければいけない。

第二に、政治家も含めて、軍事判断が正しいかどうかは保証の限りではないということがあります。アメリカのイラク戦争が非常に示唆的だったのですが、アメリカはあの時、間違いなくフセインが大量破壊兵器を持っていると考えていた。しかし結局見つかりませんでした。そうすると、人間は未来を予測できないということと関係があるのですが、未来についての判断において国家も誤謬《ごびゅう》を犯し得るのです。このままいけば相手が自分を襲うはずだという予測の下に、軍事専門用語で言うところのファーストアタック、先制攻撃をこちらから予防的（プリベンティブ）に仕掛ける、つまり先制攻撃（プリエンプション）です。ところが、その判断が間違っている可能性があるわけです。

核兵器の恐ろしさは、間違った判断で一発ぶちこんで三十万、五十万を殺してしまったら、これはヒューマニズムで言うのではなくて、国際社会にあるべき冷静なルールからして、「あの国は間違った判断で、敵国ないし仮想敵国の国民を何十万、何百万と殺してしまった」ということになって、その国家のレーゾンデートル、生命線に関わる問題になってきます。そう考えると、厄介なことに核兵器は、核武装をやるときには、いわゆるセカンドアタックとしてしか使えないのです。ということは報復です。リタリエーション、相手が撃ち込んできたことに対する報復としてしか使えない。そう憲法に明記しなければいけないということです。

第三に、さらに厄介なのは、核兵器を持つときには、日本人はそれを持つ理由としてファーストアタックは甘受するわけです。そうすると、何十万、何百万殺された暁に初めて立ち上がるということになります。逆に言うと、日本人は絶えずものすごく強い国防意識を保持して、その延長において、何十万人、何百万人をファーストアタックで殺されることも覚悟したうえで核を持つのだという話になってくるのです。これは日本民族に限った話ではありません。各国民がそうあるべきだと僕は思います。

　これらは非常に厄介なことですが、いくら厄介なことでも、僕は知識人として繰り返し言い続けなければならないのが核をめぐる予測の困難性という問題だと思うのです。

大量死の覚悟と引き替えの安全保障

【西部】

そうすると次に、少々文学的になるけれども、核兵器を持とうじゃないか、持つ以上はファーストアタックを甘受するんだとなった場合、国を守るためには、戦って死ぬだけではなくて、最初に相手の攻撃に曝されて死ぬことも覚悟しなければいけないという意味で、日本人は死の意識というものを常住《じょうじゅう》坐臥《ざが》持たざるを得ないということになるでしょう。僕は持つべきだと思う。ここまで文明が発達して、別に核兵器でなくても、それこそダイナマイトから始まって、何十人、何百人、何万人と殺せるこれだけの高性能の武器が出そろった時代に、それを人類が歓迎して文明の進歩として称《たた》えた以上、自分たちがある種の大量死の覚悟くらい持たなければ、軍事について軽々しく口にすることはできないはずです。もっと言うと、そういう意識が怖いものだから、国防問題について日本民族は触れないできたとも言えるのです。

実は哲学史で言うと、一九二〇年代、三〇年代に、実存主義でもアンドレ・マルローのアクティブ・ニヒリズムでもいいのですが、人類はものすごい「死の意識」「死の想念」にとらわれたことがありました。そこから逃走して「戦争のない平和の想念」に身を浸そうなんて、それは虫が良すぎるというものであって、我々はこれから、人間は死ぬものであり、いつか自然死で死ぬ、それどころか事故死でも死ぬし、国家をめぐる政治的な死でさえいつ訪れないとも限らないということを、哲学や思想やさまざまな理論の中に一つの焦点として入れていかなければいけないと思う。

死の意識や死の想念を持つことによって、生きている間、できるだけしっかり生きようという気持ちも強まるものです。男について言えば、生きている限りは、本当は面倒くさいのですが、女子供を守って生きてみせようとか、友情も面倒くさいけど、生きている限り友人との約束事はできるだけ破らないで守ってみせようとか、そういうさまざまな生きる形が定まってくるのです。日本の、これからさらに広がるであろう福祉国家が腐臭を放っているのは、戦争を考えなくなった、そして死の想念を抱かなくなった民族における、当然の帰結だといえます。そのことを逆に言うと、僕は戦争歓迎論をあえて唱えたい。「戦争よ、来たれ」と言ってみるところから、自分の思想を整えてみたい。

核武装を含む近未来の三つの選択肢

【宮崎】

日本での国防論議には、西部さんのような哲学的アプローチはこれまでほとんどありませんでした。国際政治の主流はアメリカの亜流。恐怖の均衡論、抑止論でずっときていますから。日本の政治学者でそこまで言ったのは、永井陽之助さんが多少言ったかもしれません、ほんの二行くらい。

日本人は死を嫌って、一方では矛盾するのですが、仏教的な解釈に傾斜しすぎてしまったということがあります。ベトナム戦争の最後の段階で、私はサイゴンに一週間くらいいたことがあるのですが、市民は明日死ぬかもしれないという恐怖と戦っていました。本屋に行くと、西田幾多郎《きたろう》や鈴木大拙《だいせつ》、そのほか哲学書のベトナム語の翻訳がずらっと並んでいて、みんな哲学しているのです。日本も極端な緊張状態が訪れたときには、ひょっとしたら西部さんの本が大ベストセラーになったり、ということがあるかもしれません。

結局、戦後日本の知識人が何から逃れたといって、いろいろなものから逃げたけれど、やはり死から逃げたと思います。だから三島由紀夫事件がショックだったのです。しかしそれ以来、感受性の鈍い人たちはまた逃げてしまいました。死がものすごく遠い。何かあればすぐ病院に入るし、健康保険、医療保険があって、医療が発達していて、長生きできる。長生きといっても、もうほとんど植物人間になって、頭脳が停止していても安楽死が許されないという、おかしなことがあります。こんなことをやっていると、この民族は衰退していくばかりです。こういう人生哲学で西部さんと議論が合うのは、ある意味で不思議な気もします。

福祉国家というのは、日本の戦後政治の中の利権争奪戦では、格好の標的になっています。厚生労働省の予算や、コストは防衛省の予算の実に六倍です。逆転しているのです。ほかの国でこういういびつな現象はたぶんないでしょう。政治家というのは所詮、利権の膨らんだところに権力を求めるわけだから、そういう意味でも非常にいびつになりました。こうしてみると、戦後の平和の代償は、日本民族の精神の衰退ではなくて壊滅です。

核武装に話を戻すと、核を持つという選択は、技術開発となると大変な時間と金がかかるので、奥の手を考えざるを得ません。もっと正当に言えば、アメリカが近い将来、日本を守れなくなったら、代償として核兵器を一つや二つ置いていくべきです。日本は米国債券を七千億ドル持っていますが、これもいずれチャラにされるわけだから、その担保として押さえる。ついでに言えば、空母も二隻くらい押さえる。これも選択肢です。考え得るシナリオの一つとして我々は持っていたほうがいいと思います。

二番目は、核兵器を選択しない場合に何が考えられるかというと、敵が打ち上げたミサイルを届く前に落とせばいいのです。理論上はそういうこともできます。江畑謙介さんが晩年に言っていましたが、人工衛星を使ってレーザービームで落とすのは、それほど金がかからないそうです。「せいぜい一兆円か二兆円あればできるのではないか。技術的にはおそらく三年、四年くらいで可能だから、日本はそちらに集中したほうがいい」と言っていました。私は技術的な詳しいことは分かりませんが、その選択肢もあります。

アメリカが言い出しているMD（ミサイル防衛）は核ミサイルを打ち上げた瞬間に迎撃兵器を飛ばして落とそうというわけですが、ゴビ砂漠の西と東からアリがはい出て、途中でぶつかるというくらいの蓋然性《がいぜんせい》の低さですから、結局アメリカの狙いは、基礎研究に金がかかるので、これに日本を入れてやらせたらどうかという戦術の一つと考えられます。これも選択肢に入ります。

これらを選択しないとなると、ではどうするのだということになります。ここでHO、ヒューマン・オーガニゼーションになるのですが、人間が万物の霊長である所以《ゆえん》はスピリチュアルな働きができることです。そこでこれを応用して、核兵器を打ち上げてきたら、ある種のインスピレーションか何かを使って打ち上げた所に戻すようにしたらどうかという、お笑い的な話ではありません。ただ、フランスとロシアは大真面目に研究したことがあるそうです。日本にも霊感のある人はたくさんいるらしいから、やってみたらどうでしょうか。これは結局、活仏《かつぶつ》としての逃げの方法です。そういう信仰にもう一遍日本人は逃げるという選択肢もないわけではありません。

英霊の志を受け継いで国際社会に立ち向かえ

【西部】

最後のスピリチュアルのところで、一億三千万の日本人がみんなスピリチュアリティーを持って、たとえ原爆が落ちても、毛沢東は中国の人口十億の時に「アメリカの原爆が落ちても、半分ぐらい生き残るだろう。五億生き残ればまたやっていける」と平然と言ってのけたことがありますが、日本人もある種の平然さを持って、「どうぞご勝手に。一億三千万もいるんでね。たぶん一千万くらいは残るだろう。一千万残れば数百年後には立派な民族に蘇生しますよ」と開き直る手もあります。

確かにそれもあるかもしれないけれど、しかしその時には、想像を絶した恐るべき精神鍛錬を、しかも一億三千万人がやらなければいけないわけで、ほとんどおとぎ話の世界です。でも、そういう話をするのならいいのです。僕は日本民族は滅びてもいいと思っているのです。ただ、滅びるならどうして滅びるのかを、あるいは一億二千万いなくなって一千万残ればいいというなら、何を人類の精神に残すのか、そういう恐るべきスピリチュアルな覚悟というものを、国会でも家庭でも堂々と、せめて言葉にしておくべきだと思うのです。パンを欲しいとかミルクが欲しいとか、その程度の福祉主義で平和を唱えられたのでは、亡くなった多くの兵士たちに申し訳ないというのが僕の気持ちです。

最後に一言、自己犠牲のスピリチュアリティーを持とうというなら、特攻隊の志というものを半世紀くらいは受け継がないと駄目です。

エピローグ　対等な日米関係の構築に向けて

鳩山政権に「日米対等」の構えなし

【西部】

鳩山民主党政権になって、沖縄の普天間基地の問題では、特に岡田外務大臣と鳩山首相の間で言動が不一致ということで、アメリカも苛立《いらだ》ったり、居直ったり、いろいろしているようです。基地問題と言えば、僕は外国にいる時に、世界を見渡して外国の基地を国内に置いている変な国は日本だけじゃないかとからかわれたことがあります。当時、それ以上に質問が多かったのが広島と長崎の原爆でした。「どうして日本はアメリカに抗議しないの？　よくもこんなことをしてくれたなと、アメリカに謝罪めいたことを要求していいんじゃないの？」と、政治家であろうが一般庶民であろうが、外国の人はだいたい似たような印象を持っているようです。

原爆のことはさておいて、米軍の基地を下げるなり縮小するなりするならば、日本として穴ができた部分をどうするかが問題になるはずです。しかしそれについての議論は、民主党政権が誕生して三カ月たっても、ほとんど出てきていません。

日米の対等提携、イコール・パートナーシップにしても、これはもともとアメリカのほうから、日本はもう少し自主的に日米関係をどうするか考えてくれと何十年も前から言われていることで、それ自体は非常に大事なことですが、鳩山さんの場合は、米軍にあれやこれやとクレームを付けるだけで、立場として、もっと言うと力として、対等に持っていくという構えは全く見受けられません。

「対等」なら自前の防衛力の構築が第一　【宮崎】

普天間基地そのものは日米同盟の中では枝葉の問題ですから、これをわざと大きく騒ぎ立てるところが、何か意図的な感じがしないでもありません。沖縄の県知事は勝手にアメリカに行く、防衛大臣はグアムへ行って異なる発言をするなど、非常にちぐはぐな対応をしているという感じを受けています。

沖縄は本土の日本人に対してヤマトンチュという感情を持っているように、基本は反日です。しかし、だからといって親中国でもない。薩摩藩の時の二重鎖国のジレンマを今も抱えていて、分かりやすく言えば、取れる物は取るというスタンスになっています。結局、沖縄返還から四十年もたっているのに、なぜ沖縄だけをわが国政府は特別扱いするのかという矛盾があって、しかも誰もこれが矛盾だと正面切って指摘しないのです。

鳩山さんは「対等な日米関係。新しい日米同盟」と発言されていますが、もしそういうことをおっしゃるのであれば、次に期待すべきはこういうことです。もし対等ならば自前の防衛力の構築をどうするのか、と。ところが、そういう話は全く出てこない。インド洋上の給油協力も金で逃げてしまいました。インド洋上の協力は八十六億円くらいでできますが、これを逃げるために、アフガニスタン支援に四千五百億円出すそうです。また民主党は今、「事業仕分け」とか称してトータルで一千億円ほど浮かそうとあちこち重箱の隅をつついています。

こんな調子なので、先の日米首脳会談（二〇〇九年十一月）は日米間の亀裂を大きくしてしまいました。その意味で失敗と総括してもいい。

この五十年、日米安保に守られた平和の代償　【宮崎】

日米安保条約改定から五十年というと、もう半世紀です。そのことはとりもなおさず、そんなにも長きにわたって不平等な状態が続いているということです。その間、誰かが「日米安保条約を対等に改定しよう」と言ったら、それは日本のマスコミが叩きつぶすという不思議な構造がありました。

今からちょうど三十年前、日米安保二十周年の記念に合わせて、日米のシンポジウムを行いました。先方からフォード元大統領や上院議員はじめ二、三十人が来ました。日本からも大体、自民党ないし当時の保守的な政党の関係者が参加しました。その時フォード大統領は日米安保条約の改定を演説されたのですが、新聞には「日米安保条約改定を提言」と見出しが躍ったにもかかわらず、それでおしまいでした。あとは立ち消えなのです。

それから三十年、日本は経済が豊かになって、世界ではいろいろな戦争があり、アメリカがあそこへ行け、ここへ行けと日本に命令してきます。今の日米安保の下で、アメリカの一方的な決定に基づいて、日本はたとえばモザンビーク、ゴラン高原、カンボジア、ソマリア、そしてパキスタン沖のインド洋上の給油と、次々に自衛隊を出すようになりました。これは「日米安保条約の条文に照らせば、条約違反ではないか」という指摘を日本政府はしません。非常に不思議な日米関係になっています。

一九八四年だったと思いますが、私はリチャード・ニクソン元大統領の本を訳したことがあって、ニクソンに会いに行く機会がありました。別れ際にニクソンが言ったことはこうです。下品な言葉ですが、「日本は巨大なインポテンツである。ただし、巨大な経済力を使って国際政治に貢献すべきではないか」と、そういう趣旨の発言でした。日本はその状態が今も続いているのです。結局、経済偏重で、金のことだけ。戦うことはしない。そういう行き方が、戦後の日本人の性格を大きく変えてしまいました。

この五十年、ずっと安保条約に守られて、その平和の代償は一体何だろうと考えてみる必要があると思います。第一に、経済繁栄が日本人を幸福にしたのかどうか。第二に、誰が日本の安全を守ったか。第三に、日本人は民主主義を根底から誤解したということ。第四に、民族の精神、魂を奪われて、歴史と伝統とモラルを失いました。

理性的に判断して、今のわが国の安全は誰が保障してくれているのかと考えたら、それはアメリカしかありません。結局、日本に外国の軍隊がいるわけです。

中央アジアにキルギスという人口五百五十万くらいの小さな国があります。アメリカはたまたまアフガニスタンの作戦のためにそこの軍事基地を借用しているのですが、国民運動が起きて、出て行けということになりました。いったん契約破棄をして、その後もう一度使用料を増額して今も継続はしています〔宮崎後註　米軍はその後、キルギスから撤退〕。そこのキルギスの首都ビシュケクを訪れたときに、アメリカ軍の駐留するマナス飛行場を見に行った帰りに、タクシーの運転手が言うのです。「日本から来たのか。日本には外国の軍隊がいる？　日本は独立国家ではないのか」と非常に素朴な質問をされました。

国民・国家・防衛を欠いた戦後民主主義

【西部】

　結局のところ、三島さんや福田恆存さんも言ったことですが、軍事問題、防衛問題はアメリカにおんぶに抱っこというのが戦後の日本です。しかもひどいことに、それを「思いやり予算」と称してしまう。日本にアメリカを思いやる余裕はないし、そもそもそんな立場でもないのに、思いやり予算と言った挙げ句に日本は経済に過剰適応してきました。金で何とかしようというわけですね。ところがその金が今や外国に漏出するとか、あるいは金をどう使っていいか分からないとか、全体として目減りしてくるとか、大変なことになっています。

　民主主義の誤解は、簡単に言うとこういうことでしょうか。民主主義の「民」は、どう考えても「日本人という国民」です。しかし、国民なら国家というものを自分で防衛せずんばなるまいと考えるべきなのに、国民と国家と防衛がすっぽり落ちた民主主義になってしまった。そしてこの「民」は、生きていれば民だということで、アメリカに守ってもらえるから生きられるはずだ、それでいいのだと思い込んでしまう。

実に安穏な思想です。こういうのは思想とは言いませんが。

　昔読んだ話で、永井荷風《かふう》がアメリカやフランスに行ってから、帰国して、愕然《がくぜん》としつつ、「日本人は飢えて騒いだことはあるけれども、自分の理想とか理念のために騒いだことは一度もない民族だ」と、ふてくされて言ったそうです。理想や理念を掲げた人は日本人にも若干はいますが、確かにそういうところがあるのは事実です。これは日本人だけではなくて、アジア人、黄色人種はいささかならずマテリアル（物質偏重、享楽的）なところがあります。

　話を進めると、戦後六十四年のいろいろな、簡単に言えば偽善と欺瞞《ぎまん》みたいなものを封じ込めたまま、いま鳩山首相が「東アジア共同体」としきりに言っています。この場合の東アジアには東南アジアも入っているようです。大きくユーラシア大陸でいうと、西アジアはイラン方面であるし、東アジアはインドの東というイメージがあって、ともかく「東アジア共同体」ということを言い出しました。それをむげには否定できないけれども、かなり空疎な、空理空論という気がします。つまり、アジアにおける中国とか日本とかさまざまな国によるヘゲモニック（覇権的）な争いなり相克なりが、今後、どう進むかということについての理想も現実感も何にもないのです。

　しかも鳩山さん側の言っている内容を聞いて驚いたのは、東アジア共同体についてどこかで演説をして、具体的な提案で出したのが、大学生の単位の取得に国際的な互換性を持たせる、たとえば北京大学で単位を取っても日本の大学の単位と認めるといったプランでした。あれだけの風船を上げておいて、具体案がたかだか大学生の単位問題では、中国に舐《な》められるに決まっています。それなら、「おまえたち、友好、友愛と言ったじゃないか」と、その看板だけ利用されて、要するに、日本に対するある種の封じ込めに利用されるだけのことです。

しかも言葉で言えば、「友愛」とはフラタニティーの訳語として定着したもので、フラターナルは兄弟愛のことです。ヨーロッパは、さほど仲の良い兄弟ではないけれども、宗教はキリスト教、言語はラテン語、ゲルマン語で、おおよその、ある共通性――弱いものですが――があるから兄弟と見なされなくもないという友愛のベースみたいなものがないとはいえない。ところが日本人で中国語や朝鮮語ができる人はあまり聞かないし、ましてカンボジア語とかタイ語になるとちんぷんかんぷんです。兄弟愛がなかなか難しいところで兄弟愛を唱えるのだから、これでは馬鹿にされます。

「東アジア共同体」は幻想である　【宮崎】

日本人が理想を掲げてしゃべったことが一回だけあるのです。「平和憲法」がそれで、「これは世界に誇るべきものである」と、今も言っている人はいますが、さすがに今は憲法改正の声の方が強くなりました。そんなことを日本のマニフェストであるかのように言った時代は危険でした。

鳩山政権は、「平和憲法」の理想を述べている延長線上で、友愛という観念の下にみんな仲良くしましょうという発想なのですが、アメリカがまず反対しました。アメリカ抜きの共同体は考えられないと。次に中国が反対しました。中国としては日本に主導権を奪われたくない。やるなら中国の主導でやりましょうという態度だったのが、最近からがらりと変わってきました。中国からすると、この鳩山政権は非常に都合の良い政権なのです。なぜなら、たとえ短期政権に終わろうが、この間に日米関係がガタガタになって、日米の間に太い亀裂が入ったら、それは中国にとって国益ですから。それで最近になって突然、東アジア共同体を一緒にやりましょうと言い出しました。

対日外交に対する戦術的な変更です。なかなか巧みです。

東アジア共同体には自由貿易協定とかいろいろなものがあるのですが、中国の一番の狙いは通貨です。アジア共通通貨を中国の主導の下につくりたいのです。しかし今、日本はそういう発想を持っていません。

ヨーロッパの歴史はまずキリスト教で基盤が同じ、全部が民主主義国家という似たもの同士です。しかも基盤には、ＮＡＴＯという軍事同盟がある。アジアは全く違います。宗教がみんな違うし、政治形態も日本は民主主義、台湾も民主主義、しかし中国が民主主義かというとこれは疑念が残ります。やはり東アジアが一緒になるなんて半世紀以上あり得ない話です。ですから、「友愛」にしろ「東アジア共同体」にしろ、所詮は〝宇宙語〟です。

まとめると、日米安保条約から五十年を経て、依然としてアメリカの保護領に等しい日本の立場で、東アジア共同体は幻想である、ということをまずはっきりさせる必要があります。

そのうえで、日米安保はかく改定すべきではないかという対案を出さなければいけない。対等な立場というなら、日本の戦略的防衛体制の構築から始めなければいけないのですが、今の防衛議論を聞いていると全然そういう話がありません。ですから、アメリカは苛立ち、腹立ち、結局日本は具体案がないということで、かなりの失望感が広がっています。現に、〇九年十二月のコペンハーゲンで日米会談は実現せず、オバマ大統領は「鳩山と会うのは時間の浪費だ」と言った。非常に危険な兆候ではないでしょうか。

目の前にイラクとアフガニスタンを抱えていて、アメリカは今、巨大な財政赤字の中で身動きが取れない状況です。日本は今まで、言えば何でも協力してくれたけれども、一番厄介なのは中国なので、アメリカはずっと中国にごますりをしてきました。ところが日本までアメリカに公然と刃向かうようになってくると、さすがにアメリカ人にも怒りが出てくるでしょう。

文庫版へのあとがき

宮崎《けみ》正弘

この本は八年前（２０１０年）、ちょうど日米安保条約改定から半世紀を閲した時点で戦後史を振り返り、日本という国家がいかに精神的に堕落し、知的頽廃の淵をさまよって理想を喪失したのかを論じ合おうと企画された。

主権国家に外国の軍隊があり、日本は事実上、アメリカの保護領であるという基本的認識を共有しているので議論が噛み合わないということはなかった。二人がとりわけ合点したのは自存自立の精神の回復だった。

読み返して気がついたのは西部氏が盛んに「アクティブ・ニヒリズム」に言及し、また三島由紀夫論の精髄を語り、アンドレ・マルローへの憧れを語っていることだった。アクティブ・ニヒリズムを氏は「ひたすら何かのアクションへ自分を駆り立ててしまえという衝動」（72p）と言っている。安保反対運動も全学連も、西部氏の中ではチャレンジであり、保守への目覚めも「転向」ではなく「天性」のものだった。

また三島論も文学論からは離れて精神、歴史のポイントを鋭く衝かれている（１３１―１４０p）。

対談収録の議論は二回にわたったが、終わると決まって新宿の酒場に繰り出し、果てしない続きと演歌と軍歌のカラオケになった。妙に懐かしく時おりその光景、とくに西部氏が♪「桜井の別れ」をしみじみと情感を込めて歌った哀切な場面を思い出す。西部氏と楠木正成は連結していたのである。

平成三十年一月二十一日、この対談から八年ののちに西部氏は予告通り自裁して世間を驚かせたが、本書の中でもそれをほのめかす発言をしていることにも驚かされる。内容は安保条約、国防論を酒のつまみにして国家、民族、思想、日本のあり方、日本人と文化などを徹底して論じあっているのだが、時間の経過とは無縁の本質が議題であり、時粧の点ですこしも色褪せていないことに驚く。当時、政権は民主党だったが、政治的風景、その不毛の議論、知的怠惰、その絶望などは安倍政権に返り咲いても同じである。

西部氏の功績をまとめると保守主義の復権に道を拓いたことであり、次いで左翼進歩派が祭り上げたマージナル・マンとしての福沢諭吉を正当に評価しなおし、さらには左翼進歩主義と誤解された中江兆民を保守主義の先駆者として復権させたことなどだろう。

この文庫版刊行に際して原文は一字も改稿していない。ただし小見出しの修正と時代環境の変化で説明が必要な箇所だけに「宮崎後注」をほどこす程度にとどめた。

平成三十年五月

本書は、二〇一〇年一月、海竜社から刊行された『日米安保50年』を改題し、一部見出しを修正し、文庫化したものです。

文芸社文庫

アクティブ・ニヒリズムを超えて

二〇一八年六月十五日　初版第一刷発行

著　者　西部 邁・宮崎正弘

発行者　瓜谷綱延
発行所　株式会社　文芸社
〒一六〇-〇〇二二
東京都新宿区新宿一-一〇-一
電話　〇三-五三六九-三〇六〇（代表）
〇三-五三六九-二二九九（販売）

印刷所　図書印刷株式会社
装幀者　三村淳

ISBN978-4-286-19923-8